家族における格差と貧困の再生産

親の離婚経験からみた計量分析

吉武理大

生活書院

まえがき

　近年、日本でも離婚が少なくないとされるが、親の離婚を経験すること
は、子どものライフコースにおいて、どのような格差や貧困の問題につな
がっているのだろうか。2022 年の「国民生活基礎調査」によると、日本
では子どもの貧困率は 11.5% であるが、子どもがいる現役世帯のうち「大
人が二人以上」の世帯の貧困率が 8.6% であるのに対し、「大人が一人」の
世帯の貧困率は 44.5% と高い状況にあり（厚生労働省 2023a: 14）、ひとり親
世帯の格差や貧困の問題は特に顕著である。そのようななかで、本書では、
子ども自身には選択することができない、親の離婚という家族における経
験に着目し、子ども自身のライフコースにおける格差や貧困の問題につい
て考える。また、そのような貧困の問題が解消されない背景として、社会
保障制度が十分に機能していない可能性についても検討する。先行研究で
は、生活保護を受給していない貧困な母子世帯が多く存在することが指摘
されているが（岩田 2017; 阿部 2008）、母子世帯の貧困の問題を解決するた
めには、制度がなぜ利用されていないのかを明らかにすることも重要であ
る。本研究では、母子世帯において貧困であるにもかかわらず、なぜ生活
保護制度が利用されていないのか、といった問題についても検討する。

　次に、本書の構成を確認する。本書においては、親の離婚と子どものラ
イフコースにおける格差、貧困・低所得の再生産の問題を扱うため、まず、
1 章で問題の背景について整理し、2 章から 4 章では、親の離婚経験者の
教育達成（2 章）、初職の不利と就業の不安定性（3 章）、離婚の世代間連鎖
（4 章）について検討する。具体的には、親の離婚経験者の教育達成にお

ける不利（2章）、学卒後のライフコースとして、初職が非正規雇用であること、失業経験、転職経験といった就業の不安定性（3章）、親の離婚経験者自身の離婚経験について、離婚の世代間連鎖（4章）を検討する。加えて、5章においては、母子世帯の貧困と生活保護の受給の関連について、貧困な母子世帯において生活保護の受給を妨げる要因について分析を行う。それぞれの章の中で先行研究の整理を行い、仮説と分析手法、変数の確認を行い、分析結果の提示と考察を行うという構成をとっている。2章から4章については、使用するデータが同じであるため、2章においてデータの概要と特徴について確認し、各章においてそれぞれ分析に使用する変数および仮説について確認する。5章については、使用するデータが異なるため、5章の中でデータと変数について新たに確認する。最後に、6章として、各章の分析結果に関する知見の要約を行ったうえで、親の離婚と子どものライフコース上に示される格差について、統合的に考察を行う。また、母子世帯の貧困と生活保護の受給の問題に関して言及するとともに、本書の限界と展望、今後の研究の可能性について述べる。

家族における格差と貧困の再生産
親の離婚経験からみた計量分析
目　次

第3章　親の離婚経験者における
　　　初職の不利と就業の不安定性

第4章　親の離婚経験者における離婚の世代間連鎖

第5章　貧困母子世帯における生活保護の受給

第6章　知見の要約および今後の展望

第1章
家族における格差と貧困の再生産

1.1　本書の背景

　米国においては 1960 年代という早い段階から、定位家族におけるきょうだいやひとり親といった家族の要因が、教育達成や職業的地位達成に与える影響が検討されてきた。その後の家族研究の積み重ねにより、離死別世帯、未婚の母親の世帯、再婚世帯などの多様な家族に着目がなされるとともに、教育や職業だけでなく、結婚や離婚といったライフコース上の家族経験についてもその影響が明らかにされている。日本でも近年ひとり親や親の離婚を経験する者が一定数存在するようになってきたが、その一方で、そのような家族的要因が地位達成やその後の家族形成に与える影響については、これまで十分に着目されてこなかった。日本の社会階層や地位達成に関する研究においては、これまで出身階層、きょうだい数や出生順位といった家族の要因が検討されてきたが、そこでは主に二人親世帯などの初婚継続家族が想定されており、近年増加してきたひとり親世帯出身者の地位達成に関しては、少なくとも 2000 年以前にはほとんど検討されてこなかった。

　近年、日本においても離婚は増加してきており、離婚を経験する人々はもはや少数の限られた人々ではなくなってきた。夫婦が結婚後 20 年以内に離婚する確率は約 30% であり、30 年以内ではおおよそ 3 分の 1 が離婚を経験すると推計されている（Raymo et al. 2004）。こうした日本の離婚の

発生確率は、米国よりは低いものの、ヨーロッパ諸国と比べて低いとはいえない水準である。日本においても離婚はもはや少ないとは言えない状況にある。

そうした離婚やそれに伴うひとり親という経験は、社会において等しく経験されているわけではない。米国においては、晩婚、離婚やひとり親といった従来とは異なる家族形成のパターン（いわゆる「第2の人口転換」）は母親の学歴によって異なる発生確率を示し、離婚や母子世帯は低学歴の母親の間で、晩婚や共働きは高学歴の母親の間で広く見られるという（McLanahan 2004）。そのような家族形成のパターンにおける差異は、親世代における格差を生み出すだけではなく、子世代が得られる経済的な資源や関係的な資源などにおいても格差が生じうることが指摘されている。こうした、第2の人口転換に伴う家族の多様化が親の階層的地位によって異なった形で経験され、それが子どもの運命を二極化していく様相は、アメリカの家族社会学者 Sara McLanahan によって "Diverging Destinies（「分極化する運命」）"（McLanahan 2004: 607）と名づけられた。これらの研究の影響を受けて、日本においても 2000 年以降に関連した研究がなされるようになり、米国と同様に、階層的地位と離婚や母子世帯の形成との関連が明らかにされている（Raymo et al. 2004; 林雄亮・余田 2014; 斉藤知洋 2018a; Raymo and Iwasawa 2017）。"Diverging Destinies" の議論においては、晩婚や共働きなどの特徴をもった高学歴の母親のもとで育つ子どもはより多くの資源を得ている一方で、離婚やひとり親が生じやすい低学歴の若い母親のもとで育つ子どもにおいては得られる資源が少なく、子世代における格差が拡大しているとされる（McLanahan 2004）。格差は、このような家族における不利の増大と、有利さの増大によって生じている、とMcLanahan は指摘する。

米国の家族研究においては、そうした定位家族における家族構造やそれに伴うさまざまな格差が、子世代における格差や貧困の再生産を生み出すことが指摘されている（McLanahan and Percheski 2008; McLanahan

2004）。そのような格差は、子どもにとっては子ども期だけの問題ではなく、その後のライフコース上における格差や貧困・低所得といった問題につながりうるという意味で、長期的な視点で考えられるべき問題であると言える。先行研究においては、ライフコースと貧困との関連について、社会階層だけでなく、ライフイベントが貧困の要因として重要となっていることが指摘されている（Vandecasteele 2011）。具体的には、失業、配偶者やパートナーとの離別、母子世帯の形成といったライフイベントが貧困に与える影響が大きいことが明らかになっている（Vandecasteele 2011; DiPrete and McManus 2000; Bane and Ellwood 1986）。日本でもそのようなライフイベントと貧困との関連が示されており（鹿又 2014a; 森山 2012; 阿部 2007）、格差や貧困の再生産を考える際にはライフコースに着目することが求められる。

　本書は、親の離婚を経験した子どもがライフコース上に経験する格差を扱うことを通じて、貧困・低所得の世代的な再生産が形成される過程を明らかにすることを目的とする。前述のように、日本においても離婚や母子世帯の形成と階層的地位との関連が明らかになっている（Raymo et al. 2004; 林雄亮・余田 2014; 斉藤知洋 2018a; Raymo and Iwasawa 2017）。日本でも離婚によって、"Diverging Destinies" の議論で想定されるような、出身世帯の階層的な地位と連動した家族における不利が、その後の子どものライフコース上の格差につながっている可能性がある。親の離婚という子どもには選択することができない家族における経験が、格差や貧困・低所得の再生産につながっているのであれば、そうした格差は何らかの形で社会的に是正される必要があると言える。格差や貧困の問題に対してはさまざまな社会保障制度もあり、社会的な対応がなされていないわけではないが、それでも格差が示されるのであれば、制度が十分に機能していない可能性も検討されなくてはならない。結論を先取りするならば、母子世帯の約半数が貧困な状況にあるにもかかわらず、生活保護制度はわずかしか利用されていない。本書では、母子世帯において貧困であるにもかかわらず、な

ぜ生活保護制度が利用されていないのか、といった問題についても検討する。

　本書における留意点としては、親の離婚と子どものライフコースの格差を扱ってはいるが、ライフコース上のすべての経験を扱っているわけではない。データの制約上、出身家庭からの離家、自身の出産や育児、高齢期における子どもとの同別居などは扱うことができない。本書では、教育達成や就業における不安定性、離婚の世代間連鎖といった、貧困・低所得の再生産との関連が大きいライフコース上のライフイベントのみを扱っていることには留意が必要である。また、本書は親の離婚による格差を扱ってはいるが、離婚をすべきでない、または離婚を問題である、と考えるわけでは決してない。こうした医療モデル的な考え方に立つのではなく、本書は社会モデル的な考え方に立ち、親の離婚を経験することが子どもにとっての不利を生み出しやすい「社会のあり方こそが問題である」と考えている。日本においても、親の離婚を経験する子どもたちが少なくない状況にあるなかで、貧困や格差の問題が社会の仕組みや制度によって十分に解消されていないという意味では、決して個人の問題なのではなく、さまざまな不利が生じている状況を「社会の問題」として捉えることが重要である。

1.2　現代社会における離婚と家族を取りまく状況

　近年の日本における離婚の動向について確認すると、離婚件数は 1960 年代末（約 9 万件）から増加傾向が見られ、2002 年（28 万 9,836 件）以降はやや減少しているものの、2022 年でも 17 万 9,099 件と、年間で約 18 万件の離婚の届け出がある（厚生労働省 2023b）。離婚の動向を把握するための指標としてしばしば使われる指標に、人口千人あたりの離婚件数によって求められる普通離婚率があるが、この指標は有配偶者の人口およびその年齢を考慮しておらず、社会の人口構造の影響を大きく受けてしまうため、

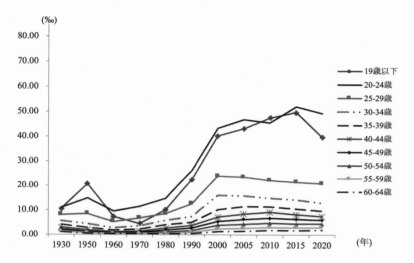

図 1-1　有配偶者 1,000 人当たりの年齢別有配偶離婚率（夫）の年次別変化
国立社会保障・人口問題研究所（2016, 2019, 2023）をもとに作成

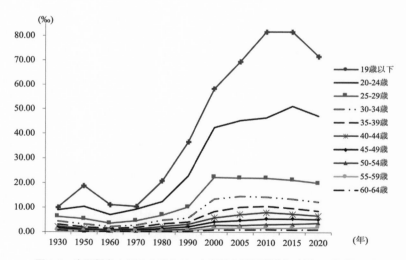

図 1-2　有配偶者 1,000 人当たりの年齢別有配偶離婚率（妻）の年次別変化
国立社会保障・人口問題研究所（2016, 2019, 2023）をもとに作成

年齢階級別の有配偶者千人あたりの離婚件数である、年齢別有配偶離婚率を確認する（図 1-1、図 1-2）[1]。有配偶離婚率は、男女ともにほとんどの年齢において 1990 年から 2000 年にかけて一貫して大きく上昇し、その後はほぼ横ばい傾向にある（国立社会保障・人口問題研究所 2016, 2019, 2023）。年齢階級別では、男女とも 19 歳以下、20 〜 24 歳の層で 2000 年以降の上昇傾向が大きく、特に女性の 19 歳以下の層の上昇率が最も大きいなど，若年層では増加傾向が顕著である。19 歳以下の直近の値は 2015 年の値よりやや低くなっているものの、他の年齢層に比べると、若年層における有配偶離婚率は依然として高い傾向にある。

　年齢階級別に詳しく見てみると、男女ともに有配偶離婚率は 19 歳以下と 20 〜 24 歳において高く、次に 25 〜 29 歳、30 〜 34 歳など、若年層において高いことがわかる。男性では、19 歳以下と 20 〜 24 歳においては、1990 年にはそれぞれ 22.51％‰、26.25‰であったが、2000 年には 40.00‰、2010 年には 45.00‰を超え、2015 年にはそれぞれ 49.90‰、52.14‰と顕著に上昇しており、2020 年においても 39.80‰、49.47‰と高い状況にある。女性の 19 歳以下と 20 〜 24 歳においても、1990 年にはそれぞれ 36.50‰、22.94‰であったが、19 歳以下では 2000 年に 58.35‰、2005 年に 69.65‰、2015 年には 81.80‰と上昇し、20 〜 24 歳では 2000 年に 40.00‰を超えてから上昇を続け、2015 年には 51.19‰と近年際立って高い数値を示している。2020 年には、それぞれ女性の 19 歳以下では 71.72‰、女性の 20 〜 24 歳では 47.24‰と、2015 年よりはやや減少傾向にあるものの、依然として高い状況にある。このように男女ともに若年層の有配偶離婚率が高い傾向にあるが、女性においては 19 歳以下の有配偶離婚率が特に高い点が異なる。このように、年齢別にみても、近年有配偶者における離婚率は高く、特に若年層における離婚率が高い傾向にあることがわかる。

　日本における近年の離婚の傾向について確認してきたが、離婚の増加はこれまで主に想定されてきたような初婚継続家族の二人親世帯ではない、ひとり親世帯が増加することを意味する。もちろん子どもがいない場合の

離婚もあること、ひとり親世帯の形成因は離婚に限定されないことを考えると、離婚の増加がただちにひとり親世帯の増加をもたらすとは限らない。ひとり親世帯の形成因には、死別、未婚での出産なども含まれるため、以下にこれらの要因を含めたひとり親世帯を取りまく近年の状況について確認する。

　まず、2021年の離婚件数は18万4,384件であるが、そのうち未成年の子どもがいる離婚は10万5,318件であり、離婚件数全体の57.1%にあたる（厚生労働省政策統括官 2023: 40-1）。子どもがいない場合の離婚も約4割あるものの、子どもがいる離婚は約6割と多く、2021年の「親が離婚した未成年の子ども」の数は18万3,228人である（厚生労働省政策統括官 2023: 41）。日本においても少なくない子どもたちが親の離婚を経験していることがわかる。そのような未成年の子どもの離婚後の親権は、「夫が全児の親権を行う」場合が11.5%であるのに対し、「妻が全児の親権を行う」場合は84.9%と高く（厚生労働省政策統括官 2023: 41）[2]、子どもがいる世帯は離婚後に母子世帯となりやすいと言える。

　次に、ひとり親世帯の推移および離婚によるひとり親世帯の割合を確認することで、近年のひとり親世帯の増加と離婚との関連について整理する。まず、ひとり親世帯の推移について、標本調査による推計値ではあるが、2022年の国民生活基礎調査より（厚生労働省 2023a: 7）、「ひとり親と未婚の子のみの世帯」の世帯数と、それらの世帯が児童のいる世帯に占める割合を見てみよう（図2）。ひとり親と未婚の子のみの世帯の世帯数は、1992年の約57万1,000世帯から増加を続け、2013年には約91万2,000世帯と最多を記録し、その後やや減少してはいるものの、2022年には約62万9,000世帯となっている（厚生労働省 2023a: 7）。しかし、そもそも児童がいる世帯自体が近年減少傾向にあるため、「世帯数」ではなく、児童がいる世帯に占める「ひとり親と未婚の子のみの世帯」の「割合」を確認する必要がある。児童がいる世帯に占める割合でみると（図2）、1992年の3.8%から2013年の7.5%まで一貫して増加し、近年はほぼ横ばいである

図2　児童のいる世帯のうちの「ひとり親と未婚の子のみの世帯」の割合と世帯数
厚生労働省（2018, 2019, 2023c）をもとに作成
注）1995年の数値は兵庫県を除いたもの、2016年の数値は熊本県を除いたものである。
　　また、2020年は調査が実施されていない。

が、2022年には6.3%という数値を示している。

　これらの数値は標本調査による推計値であることには留意が必要であるが、このように、児童がいる世帯における「ひとり親と未婚の子のみの世帯」が占める割合は増加傾向が見られ、近年も一定数を占めている状況にある。ただし、児童がいる世帯における「ひとり親と未婚の子のみの世帯」の割合は、子どもの年齢区分を狭く設定した場合には、割合はさらに高くなると考えられる。また、「ひとり親と未婚の子のみの世帯」は世帯類型であるため、ひとり親であっても祖父母と同居している場合には、「三世代世帯」という分類に入り、「ひとり親と未婚の子のみの世帯」には含められていない。そのため、祖父母との同居世帯も含めたひとり親世帯は、この数値よりもさらに高い値になると推測される。実際に、先行研究によると、2010年国勢調査では、10 ～ 15歳の子どもがいる世帯におけるひとり親世帯（祖父母等との同居世帯も含む）の割合は、18%強と推計されているという（稲葉 2017: 5-6）。

　2020年の国勢調査の数値を確認すると、他の世帯員と同居している場

合も含む母子世帯数、父子世帯数がわかる。ひとり親と子どものみの世帯はそれぞれ、母子世帯は 64 万 6,809 世帯、父子世帯は 7 万 4,481 世帯であるが、他の世帯員がいる世帯も含めると、母子世帯（他の世帯員がいる世帯を含む）は 90 万 5,671 世帯、父子世帯（他の世帯員がいる世帯を含む）は 14 万 6,416 世帯となる（総務省統計局 2021a, 2021b）。これらの数値からは、日本のひとり親世帯は特に母子世帯が多く、また他の世帯員と同居している場合も含めると、実際にはひとり親の家族はさらに多いことがわかる。

　このように、日本においても、ひとり親世帯は子どもがいる世帯のうちの一定数を占めるようになってきている。加えて、祖父母や親族と同居している世帯も含めると、実際には母子世帯、父子世帯はさらに多いことが確認された。前述のように、ひとり親世帯の形成要因は、離婚の他にも、死別や未婚での出産などの要因が存在する。2021 年の全国ひとり親世帯等調査によれば、母子世帯になった理由別の内訳は、死別 5.3％、生別 93.5％ であり、全体のうち離婚によるものは 79.5％ と最も多い（厚生労働省 2022: 2）。父子世帯についても、死別 21.3％、生別 77.2％ であり、全体のうち離婚によるものは 69.7％ と最も多い（厚生労働省 2022: 2）。これらの数値より、現在のひとり親世帯は、その大部分が離婚によるものであることがわかる [3]。年次別の変化を確認すると（図 3-1、図 3-2）、母子世帯、父子世帯ともに死別の割合が減少し、離婚による割合が増加していることがわかる。また、未婚の母の割合は、2006 年までは 3.6％ ～ 7.3％ と 5％ 前後を推移し、死別の割合よりも低かったが、死別の割合の減少に伴って、2011 年に 7.8％、2016 年 8.7％、2021 年 10.8％ と近年の調査ではやや高い値となっている。以上のように、未婚の母も一定数存在するようになってきたが、現在はひとり親世帯の多くが離婚によるものであり、母子世帯ではよりその傾向が強いと言える。

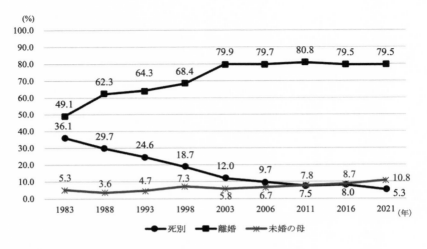

図 3-1　母子世帯の形成要因の推移

厚生労働省（厚生労働省 2022: 2）をもとに作成

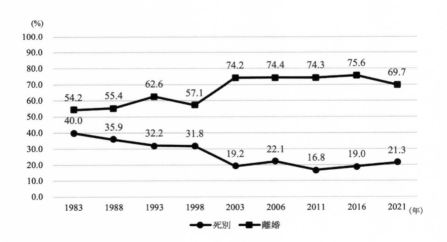

図 3-2　父子世帯の形成要因の推移

厚生労働省（厚生労働省 2022: 2）をもとに作成

1.3 ひとり親世帯と貧困

　前項では、離婚が増加傾向にあること、これに連動してひとり親世帯が増加していることを示してきたが、そのようなひとり親世帯では近年、格差や貧困・低所得の問題が深刻な状況にあることが指摘されている。2022年の国民生活基礎調査によると、子どもがいる現役世帯（世帯主が18歳以上65歳未満で、17歳以下の子どもがいる世帯）のうち、「大人が二人以上」いる世帯の相対的貧困率は8.6%であるのに対し、「大人が一人」の世帯の相対的貧困率は44.5%と高い（厚生労働省 2023a: 14）[4]。「大人が一人」の世帯の多くはひとり親世帯にあたり、その貧困率は大人が2人以上いる世帯と比べて著しく高いことから、離婚後ひとり親世帯となった場合には貧困に直面するリスクが高いと言えるだろう。

　前述のように、子どもがいる場合に離婚後には母子世帯が形成されることが多いが、母子世帯の貧困はどのような状況にあるのだろうか。まず、2021年の国民生活基礎調査と全国ひとり親世帯等調査から、世帯の年間の平均収入を比較すると、児童のいる世帯では813.5万円であるのに対し、母子世帯では373万円である（厚生労働省 2022: 40）。また、母子世帯では現在の暮らしが苦しいと回答する者が75.2%と7割を超えており（厚生労働省 2023a: 16）、貧困・低所得の問題が主観的にも認識されていることがうかがえる。そのような背景には、母子世帯の雇用の問題に加えて、社会保障による貧困削減効果の低さの問題があると考えられる（田宮 2017; 田中・四方 2018）。全国ひとり親世帯等調査によると、母子世帯の母親の86.3%が就業しているにもかかわらず（厚生労働省 2022: 13）、パート・アルバイト・派遣社員などの非正規雇用の割合が42.4%と約半数を占めており[5]、年収は低い（厚生労働省 2022: 36-8）。OECD諸国（表1）やヨーロッパ諸国の母子世帯の母親と比較しても（OECD 2020; Horemans and Marx 2018）、日本の母子世帯の母親の就業率は高く、日本における母子世帯の

表1　母子世帯における母親の就業率（OECD 諸国との国際比較）

オーストラリア	56.6
イギリス	67.4
スペイン	64.9
オランダ	66.9
フランス	66.4
イタリア	63.6
OECD 平均	71.2
ドイツ	72.9
アメリカ	74.9
カナダ	74.8
デンマーク	75.4
スウェーデン	80.8
日本	86.3

OECD（2020）をもとに作成

　貧困・低所得の問題は、母親の多くが非正規雇用等の周辺的な仕事に就かざるをえないことにあると考えられる。これまでひとり親世帯および母子世帯の貧困・低所得の問題について確認してきたが、同じ母子世帯であっても離別世帯と死別世帯とではどのような差異がみられるのだろうか。先行研究による推計結果を確認すると（田宮 2017: 25）、父子世帯よりも母子世帯において、死別世帯よりも離別世帯において、貧困率が高い傾向にある[6]。税・社会保障制度の負担と給付の両方を考慮した、可処分所得による貧困率を見ると、死別母子世帯では貧困削減効果が大きいが、離別母子世帯では依然として貧困率が高い（田宮 2017）。2012 年の推計結果では、死別母子世帯では可処分所得による貧困率は約 34% であるのに対し、離別母子世帯では約 51% となっており、ひとり親世帯の中で最も高い値を示している（田宮 2017: 25）。そのような差異の背景には、死別世帯のみに支給されうる遺族年金の存在が指摘できる。離別世帯においてのみ収入源となりうるものとしては、元配偶者からの養育費があるものの、貧困・低所得の問題への効果は大きくはないと考えられる。全国ひとり親世帯等調査によると、母子世帯において養育費を「受けたことがない」割合は全体の 56.9%、養育費を「受けたことがある」割合は 14.2%、「現在も受けて

いる」割合は 28.1% と（厚生労働省 2022: 53, 60）、そもそも養育費を受け取ったことがない母子世帯も多いことに加え、養育費を継続的に受け取っている母子世帯はさらに少ないことがうかがえる。また、養育費の金額についても、調停・審判離婚では月額 2 〜 4 万円であることが多く（下夷 2008: 69）、少額であることがわかる。さらに、近年、子どもの「教育費」への支出額は急激に上昇しているにもかかわらず、それに対して、「養育費」の伸びは低く留まっており、十分なものであるとはいえないという問題も指摘されている（下夷 2008）。このように、母子世帯、特に離別母子世帯においては社会保障制度が十分に機能しているとは言えず、貧困・低所得の問題が解決されにくい状況にある。

1.4　本書における検討課題

　日本においても近年離婚を経験する人々が増加しており、特に離婚による母子世帯の増加とその貧困率の高さが顕著であることを確認してきた。前述のように、米国の研究においては、出身世帯の離婚やひとり親といった状況は階層によって異なって経験され、出身世帯のさまざまな格差が、子世代における格差や貧困の再生産を生み出しており、"Diverging Destinies"（McLanahan 2004: 607）というような状況にあることが指摘されている（McLanahan and Percheski 2008; McLanahan 2004）。日本においても、離婚や母子世帯の形成と階層的地位との関連が明らかになっており（Raymo et al. 2004; 林雄亮・余田 2014; 斉藤知洋 2018a; Raymo and Iwasawa 2017）、出身世帯における家族の格差を通して、その後の子どものライフコース上に格差が生じている可能性がある。

　しかし、複数の研究において指摘されているように（竹ノ下 2014; 平沢ほか 2013; 稲葉 2012a; 青木 2003a; 余田・林雄亮 2010 など）、ひとり親や家族構造と、子どもの教育達成やその後のライフコース上の格差、その形成メカニズムについて明らかにした研究は日本ではわずかであり、今後の研究の蓄

積が求められている。日本の家族研究の領域を概観すると、初婚継続家族の二人親世帯が主に分析対象とされ、ひとり親世帯や再婚世帯といった非初婚継続家族に対しては、体系的な理論化および分析は十分になされてこなかった（稲葉 2011b, 2011c, 2012a）。また、これまで家族と格差や貧困の再生産の問題との関連を問うという視点が十分にとられてこなかったことが指摘されている（稲葉 2012a; 青木 2003a）。

　階層研究においても、15 歳時に父親がいない早期父不在者や父親が無職であった者は、欠損値として見落とされてきたことが指摘されており（三輪 2005; 余田・林雄亮 2010）、非初婚継続家族に属する人々のライフコースにおける格差・貧困の再生産の問題は近年まで十分に検討されてこなかった（稲葉 2012a）。このような研究の課題に対して、今後は家族社会学と、教育社会学、階層研究における相互の連携が求められており（稲葉 2012a; 竹ノ下 2014; 平沢ほか 2013）、近年の家族の多様化に伴って、家族における不利がどのようにその後の格差や貧困・低所得の再生産につながっているのか、そのメカニズムを解明していくことが求められている。

　数少ない日本の家族構造と子どもの地位達成の格差に関する研究においては、ひとり親世帯出身者や親の離婚経験者の教育達成や職業的地位達成における不利は明らかになっているものの（稲葉 2008, 2016; 余田 2012; 三輪 2005; 余田・林雄亮 2010; 斉藤知洋 2018a など）、その不利が生成されるメカニズムに関しては十分に明らかにされているわけではない。また、その多くは死別と離別を含む早期父不在を扱った研究であり、親の離婚を経験することの不利を直接的に検討しているわけではなく、データの制約の結果として、親の離婚経験者すべてを把握することができていない可能性もある（詳しくは 2 章）。先行研究においては、子どもの教育面への影響は死別よりも離別において不利が大きいことが明らかにされており（余田 2014; 稲葉 2016）、親の離婚を経験したことが子どものライフコース上にどのような格差をもたらしているのか、そうした格差が生成されるメカニズムを明らかにすることがなお一層求められる。

さらに、これらの日本の家族構造と子どもの格差に関する研究のほとんどは、教育達成や職業的地位達成に関する研究であり、子世代自身の家族形成における格差や貧困・低所得の再生産を扱った研究はほとんどない（余田2011）。その一方で、欧米の先行研究では、親の離婚経験者は自身も離婚を経験しやすく、「離婚の世代間連鎖」が生じていることが明らかにされている。そのような離婚の世代間連鎖は、貧困の世代的な再生産の要因となりうるという意味でも重要ある。先行研究では、親の離婚が子世代の貧困・低所得を生み出すメカニズムとして、子世代自身の離婚という要因の存在が明らかにされており（Amato and Keith, B. 1991）、離婚の世代間連鎖を媒介とした、貧困・低所得の再生産という問題も存在しうる。日本においても早婚と離婚との関連（国立社会保障・人口問題研究所 2016, 2019; 稲葉2013; 斉藤知洋2018a）、学歴の低さと離婚や母子世帯の形成との関連（Raymo et al. 2004; 斉藤知洋2018a; Raymo and Iwasawa 2017）が示されていることを考えると、日本においても早婚や低い学歴といった要因が媒介となって離婚の世代間連鎖、および貧困の世代的再生産が生じている可能性はあるだろう。

　しかしながら、こうした視点をもった研究が全くなされてこなかったというわけではなく、社会政策学や社会福祉学などの近接領域の研究を見てみると、母子世帯を中心とする貧困の再生産に関する研究が行われており、生活保護の受給の世代的な連鎖といった貧困の再生産の存在が明らかにされている（駒村ほか2011; 道中2009, 2015など）。加えて、近年、子どもの貧困や、ひとり親の家族の貧困・社会的排除に関連した研究も行われるようになり（阿部2008, 2014; 神原2017, 2020など）、子ども期の貧困が成人期の貧困につながることが示されている（阿部2011）。また、近年の質的研究においては、生活保護世帯の子どもの進路における不利、母子世帯の母親の出身家庭における貧困や困難の事例が示されており（林明子2016; 湯澤2009; 青木2003b, 2003c）、貧困の世代的再生産の生成過程にも着目がなされている。これらの研究の意義は大きいものの、離婚やひとり親といった家

族における不利が子世代のライフコース上の格差へとつながる過程はまだ計量的な研究においては十分に明らかにされたとは言いがたい。

　このような先行研究の課題を踏まえて、本書では、貧困・低所得の再生産という視点から、教育達成の不利、初職の不利と就業の不安定性、離婚の世代間連鎖に着目し、親の離婚経験者のライフコース上の格差とそれを生成するメカニズムを明らかにする。先行研究では、前述のように、失業、離別やひとり親と、貧困との関連が大きいことが明らかになっており、ライフイベントと貧困との関連の重要性が示されている（Vandecasteele 2011; DiPrete and McManus 2000; Bane and Ellwood 1986; 鹿又 2014a; 森山 2012; 阿部 2007）。日本においては、こうした視点はこれまで十分に検討されてきたわけではなかったが、格差や貧困の再生産を考える際には、このようなライフコースの格差に着目することが重要であると考えられる。

　本書の特色の一つは、離婚の世代間連鎖への着目であるが、なぜ離婚の世代間連鎖とそのメカニズムを明らかにすることが求められるのだろうか。既述のように日本においては子どもがいる場合に、離婚後は母親が親権を取る場合がほとんどであり、離婚後には母子世帯が形成されやすい。そのため、離婚の世代間連鎖が生じている場合に、特に女性においては二世代それぞれの離婚を通して、母子世帯が形成されている可能性がある。日本におけるひとり親世帯の貧困率は高いが、その中でも特に離別母子世帯の貧困率が高いことは既述の通りである。加えて、若年のひとり親世帯の母親は貧困リスクが特に高いことが明らかにされている（鹿又 2014a）。したがって、特に女性において、早婚や学歴の低さを媒介とした離婚の世代間連鎖が生じているとするならば、子どもがいる場合に若年での離別母子世帯が形成されることとなり、高い貧困リスクと関連することになる。また、母子世帯は持続的な貧困状態にある比率も高く（暮石・若林 2017）、母子世帯の貧困の一部は慢性的・持続的である可能性がある。離婚の世代間連鎖を媒介とした母子世帯の世代的な再生産は、貧困・低所得の再生産とも関連しうるという意味で重要な問題である。

母子世帯の貧困率は高く、社会保障制度が十分に機能していないと考えられるが、それはなぜだろうか。本書では最後に、母子世帯の貧困の問題と社会保障制度の関連について、特に貧困な母子世帯によって生活保護が受給されていないのはなぜか、という問題を検討している。母子世帯に対する主な社会保障制度としては、死別の場合の遺族年金、ひとり親世帯における児童扶養手当があり、それらの手当を利用してもなお貧困の問題が解消しえない場合には、生活保護制度の利用が想定されている。しかしながら、母子世帯の生活保護の受給率は、その貧困率に比べるときわめて低く、多くの貧困世帯が生活保護の利用に至っていないという状況がある（岩田 2017; 阿部 2008 など）。この問題について、生活保護研究の知見を手がかりとして、貧困な母子世帯において生活保護の受給を妨げる要因を計量分析によって明らかにする。離婚の世代間連鎖が生じている場合には、特に女性においては貧困の世代的な再生産によって、家族や親族から得られる経済的資源もさらに限られると考えられる。貧困の世代的な再生産の問題への対応としても、生活保護の受給を妨げている要因を明らかにすることは重要である。

■注
1）各年齢階級別の有配偶者 1,000 人に対する離婚件数をパーミル（‰）で表している。1930、1950、1960、1970、1980、1990、2000、2010、2015 年データは国立社会保障・人口問題研究所（2019）、2005 年データは国立社会保障・人口問題研究所（2016）、2020 年データは国立社会保障・人口問題研究所（2023）を使用した。
2）「夫と妻がそれぞれ分け合って子どもの親権を行う」場合も 3.6％ある（厚生労働省政策統括官 2023: 41）。
3）ひとり親世帯になった理由として、「生別」のうちのほとんどは離婚であるが、離婚以外の「生別」に含まれる主要なカテゴリーとしては「未婚の母」や「その他」があり、その他にも少数ではあるが「行方不明」「遺棄」「不詳」、父子世帯には「未婚の父」のカテゴリーがある。
4）「大人が一人」の世帯とは、厳密には必ずしもひとり親世帯であるわけではなく、「大人が一人」の世帯に含まれている例外として、17 歳以下の子どもが 18 歳以上である年上のきょうだい 1 人のみと同居している世帯、17 歳以下の子どもが 65 歳未満の祖母ま

たは祖父のうちの1人のみと同居している世帯などの例外もごく少数あると考えられる。しかし、そのような例外を除き、子どもがいる現役世帯のうち「大人が一人」の世帯のほとんどはひとり親世帯であると言える。

5）一般的に非正規雇用にはパート・アルバイトだけでなく派遣社員も含まれるため、全国ひとり親世帯等調査より（厚生労働省 2022: 13）、「パート・アルバイト等（*n*=400,134)」と「派遣社員（*n*=37,387)」を合算し、就業している母子世帯の母親（*n*=1,031,567）のうち非正規雇用である割合を算出した。

6）未婚母子・父子の世帯についても、年次によっては貧困率が特に高い年があるが、田宮遊子（2017）も指摘しているように、標本数が少なく留意が必要であるため、本研究では大きくは取り扱わないこととした。

第 2 章
親の離婚経験者における教育達成の不利

2.1 先行研究の知見と理論的整理

2.1.1 家族構造と教育達成における不利

　米国においては日本よりも離婚や再婚が多く、同棲も含めた多様な家族のあり方が見受けられ、そのような多様な家族構造や、家族構造の変化を経験する子どもたちが増えている。そうしたなかで、初婚継続家族の二人親世帯に限らない、ひとり親世帯、再婚世帯、未婚の母親の世帯、同棲世帯などの家族構造についての研究の蓄積も多い。特にそうした家族構造と子どもの教育達成における格差やさまざまな教育面の不利に関して、多くの研究が積み重ねられてきた（McLanahan et al. 2013）。教育達成における格差はそれ自体が重要な格差の問題であるが、その後の職業的地位達成、家族形成などのライフコースにおける格差を通して貧困・低所得の問題につながっている可能性があるという意味でも重要な問題である。先行研究では、家族構造や親の離婚が子世代の貧困・低所得に与える影響は、低い教育達成を媒介しての効果が大きいことが明らかにされており（Amato and Keith, B. 1991）、親の離婚経験者のライフコースの格差と貧困の問題を検討する際には、教育達成の格差について明らかにすることが特に重要である。本章では、家族構造と教育達成との関連について先行研究の知見と仮説を整理し、それらを参照することで、日本では十分に明らかになっていない親の離婚経験者の教育達成の不利およびその要因を検討する。

米国では、早い段階から地位達成研究において、ひとり親世帯で育つことの教育達成や職業的地位達成への影響が検討されてきた。すでに 1960年代の研究において、二人親世帯出身者に比べ、母子または父子のひとり親世帯出身者は、教育年数が短く、職業的地位達成が低いことが指摘されている（Blau and Duncan, O. [1967] 1978; Duncan, B. and Duncan, O. 1969）。親の学歴や職業、人種や性別だけでなく、定位家族の家族構造によっても地位達成に差異が見られることを明らかにした最初の研究と言える。主に 16 歳までの親との居住経歴に基づいて、二人親世帯か否か、または二人親世帯、母子世帯、父子世帯、親以外の男性または女性による世帯などに分類され、そのような定位家族の類型が教育年数や職業的地位達成に与える効果が検討されている（Blau and Duncan, O. [1967] 1978; Duncan, B. and Duncan, O. 1969; Duncan, B. 1967; Duncan, O. et al. 1972; Featherman and Hauser 1978）。

　さらに、その後は家族研究において、離別世帯や死別世帯、再婚世帯、未婚の母親による世帯などの多様な家族における子どもの不利に着目がなされてきた[1]。特にひとり親世帯、親の離婚に着目し、子どもの教育面への影響について計量的研究から得られた知見を整理すると、ひとり親世帯で育つことや親の離婚を経験することは、子どもの学力や成績、教育達成の不利と関連するというほぼ共通の見解が得られている。広く子どもの教育面への影響については、ひとり親世帯居住者や親の離婚経験者は、学力や成績、学校での取り組みや出席状況、教育期待に不利があることが明らかになっている（Downey 1994; Astone and McLanahan 1991; Frisco et al. 2007; Amato and Anthony 2014; Heard 2007; Mulkey et al. 1992; Teachman 2008; Sun and Li 2009; Thomson et al. 1994; Carlson and Corcoran 2001; Elder and Russell 1996 など）。加えて、実際の教育達成における格差についても、ひとり親世帯出身者や親の離婚経験者は、高校中退、高校卒業、大学進学、教育年数などに不利があることが明らかになっている（Astone and McLanahan 1991, 1994; Keith, V. and Finlay 1988; Krein 1986; Krein and Beller

1988; Mueller, D. and Cooper 1986; McLanahan 1985; Furstenberg and Teitler 1994; Biblarz and Gottainer 2000; Amato and Keith, B. 1991 など）。このような研究の中でも、特に死別と離別との差異に着目すると、死別よりも離別において子どもの高校卒業や大学進学・卒業、教育年数などの教育達成への不利な効果が大きく、その後の社会経済的地位が低いことも示されている（Biblarz and Gottainer 2000; Amato and Keith, B. 1991）。

　以上のように、米国においては地位達成研究や家族研究などにおける研究の積み重ねによって、非初婚継続家族で育つ子どもの教育面における不利が明らかになっている。次節において仮説の理論的整理を行うが、米国ではそのような子どもの教育面における不利を生み出す要因について、早い段階から理論化がなされており、仮説の検討が行われている。

2.1.2　理論仮説の整理

　本項では、先行研究を概観し、家族構造と子どもの教育面での不利に関する理論的整理を行う。家族構造と子どもの教育面における不利に関しては、先行研究によって、ひとり親世帯として分析される場合、母子世帯（または父子世帯）として分析される場合、親の離婚経験、死別経験として分析される場合などがある。また、子どもの教育面におけるアウトカムについても、子どもの学力、成績、高校中退、教育達成など、複数のアウトカムについて分析がなされている。分析するアウトカムが異なる場合であっても、あるいは、ひとり親世帯、母子世帯、親の離婚経験と異なる変数の操作化であっても、共通した理論仮説が検討されることも多い。そのため、本項では、ひとり親世帯、母子世帯、親の離婚経験などの複数の研究の知見を含め、先行研究における家族構造と子どもの教育面での不利に関する理論を整理する。

　米国の先行研究を概観すると、家族構造と子どもの教育面における不利に関する理論仮説の中で主要なものとしては、家族構造に先行する要因に着目した (1) セレクション仮説、経済的要因に着目した (2) 経済的剥奪仮説、

社会化に関連した3つの仮説として、(3) ペアレンティング仮説、(4) 親の統制仮説、(5) 役割モデル仮説、家族構造の変化および家族関係によるストレスに着目した (6) ストレス仮説の6つの理論仮説として整理することができる。

　まず、家族構造に先行する要因に着目した仮説として、(1) セレクション仮説とよばれるものがある。家族構造によって示される子どもの不利は、統制することができていない、家族構造に先行する要因による効果であるとの見方であり、親の学歴や人種・エスニシティなどの影響が指摘されている（Mulkey et al. 1992 ; Furstenberg and Teitler 1994）。

　次に、特に母子世帯の子どもの教育面における不利に関して有力な理論仮説として、(2) 経済的剥奪仮説（または経済的資源仮説、資源仮説）がある（McLanahan 1985; Downey 1994; Thomson et al. 1994 など）。ひとり親世帯、特に母子世帯においては経済的な資源が不足する傾向にあり、そのことが子どもの教育面での不利につながるとされる。経済的資源に着目することが多いが、広い意味で用いられる場合には、資源仮説とされることもあり、所得などの経済的な資源だけでなく、教育に関する資源、社会的な資源が不足しているということも含む場合がある。

　社会化に関連する仮説としては、(3) ペアレンティング仮説、(4) 親の統制（親の監督、社会的統制）の仮説、(5) 役割モデル仮説がある。まず、(3) ペアレンティング仮説については、非初婚継続家族では親の子どもに対する養育の仕方や関わり方が二人親世帯とは異なり、子の教育における動機づけやアスピレーションにつながる関わりが希薄であること、この結果として、子どもの教育面での不利につながるとする見方である。親の養育や子どもへの関わりの中でも、特に学校や教育に関連する親の関わりについて検討がなされている（Astone and McLanahan 1991; Heard 2007）。Douglas Downey（1994）は、経済的資源に対して、親の子どもに対する養育、教育における関わり、親子の会話などを「関係的資源」として整理し、仮説の検討を行っているが、実際にはペアレンティング仮説や親の統制仮説が

検討されているものと考えられる。

　社会化に関連する仮説である、(4) 親の統制（親の監督、社会的統制）仮説[2]については、ひとり親世帯において、子どもの行動に対する親の監督や統制が不足することで、子の行動面における問題が発生しやすく、学校における動機づけの低下や学業不振につながるとする見方である（McLanahan 1985; Astone and McLanahan 1991; Mulkey et al. 1992）。母子世帯においては親子関係において親の権力が弱くなっているために、しつけや親による統制が効果的でなくなること、ひとり親が就労している場合には時間的な制約や一人での子育てにより親の関わりや統制が不足する、などの要因がこうした事態を引き起こすとされている（Astone and McLanahan 1991; McLanahan 1985; Heard 2007）。親の統制仮説については、ひとり親世帯において親の統制や監督が不足するとの見方がなされることが多いが、より広く社会における統制が不足しやすいとの文脈で議論がなされることもある。

　社会化に関連する仮説である、(5) 役割モデル仮説は、(5a)「父不在仮説（Father-Absence）」、(5b)「自立した母親仮説（Independent Mother）」の 2 つの仮説に区分することができる。(5a) 父不在仮説は、父親がいないことで、男性の役割モデル（性別／夫婦役割のモデル）が存在しないことが認知的、情緒的発達に影響を与えたり、学業達成における動機づけを減退させたりすることで、成績不振や低い学歴達成と関連するとする見方であり（McLanahan 1985）、男子において不利が大きいとされる（Krein and Beller 1988）。(5b) 自立した母親仮説は、反対に、女子において、働くひとり親の母親を見て育つことにより、自身の教育や職業におけるアスピレーションが高くなるとの見方である[3]（Krein and Beller 1988）。

　(6) ストレス仮説（家族ストレス仮説、情緒的ストレス仮説）に関しては、家族構造の変化や家族におけるストレスフルな状況が子どもにとってストレッサーとなり、心理的なウェル・ビーイングや行動、学業に影響を与えるとされる（Heard 2007; McLanahan 1985 など）。家族構造の変化からの期

間に着目する場合には、特に離別からの期間が短いときに、子どもへの影響が大きいとの見方がなされる。また、再婚世帯、離別世帯やひとり親世帯において、親子関係における困難や親の新しいパートナーとの関係などの家族におけるストレスフルな状況に着目する場合もある。ストレス仮説に関しては、子どもの学業に影響を与えるとする見方だけでなく、早期の学校中退や非進学および離家、早期の家族形成にもつながりうるとの見方がなされる。

　以上のように、米国の先行研究における家族構造と子どもの教育面における不利との関連を説明する要因を 6 つの仮説として整理してきたが、その他の要因の可能性が指摘されることもある。たとえば、ひとり親世帯では学校への出席や教育におけるアスピレーションが低いことから、子どもの学校への取り組みの低さが媒介要因とされることもある（Heard 2007）。また、周囲の環境について、親のメンタルヘルスや養育環境、社会的・経済的安定性、引っ越しによる学校の転校、ソーシャルサポートなどが媒介要因として指摘されることもある（Teachman 2008; Heard 2007; Astone and McLanahan 1994）。

2.1.3　日本における家族構造と教育面の不利

　日本の地位達成に関する研究や家族研究においては、これまで主に二人親世帯などの初婚継続家族が想定されてきたために、ひとり親世帯出身者の教育達成の不利については 2000 年以降に徐々に研究が積み重ねられてきた。最も早く早期父不在者（15 歳時という早期に父親がいなかった者）を扱った研究として、父親が不在または無職である層の教育達成と初職の達成における不利を扱った三輪哲による研究がある（三輪 2005, 2008a）。階層研究の視点から、それまで主に欠損値とされてきた層に着目し、早くから早期父不在者に着目した意義のある研究であるが、早期父不在者と父親が無職の層とを合わせ、これまでの階層研究で除外されてきた層における格差を検討した研究であるという点で、ひとり親研究とは関心が異なる側面

がある。

その後の階層研究および家族研究、教育社会学における研究の積み重ねからは、ひとり親世帯の子どもの教育や学習状況、教育達成の不利が明らかにされてきた。まず、ひとり親世帯の教育における意識や学習状況については、親および子どもの教育アスピレーションが低いこと（稲葉 2012b; 余田 2014; 卯月・末富 2015; 吉田 2018; 西村 2018）、成績（稲葉 2012b; 竹ノ下・裴 2013[4]; 西村 2018）、学力（白川 2010; 卯月・末富 2015; Nonoyama-Tarumi 2017）、学習時間（稲葉 2012b; 卯月・末富 2015）において不利が見られることが明らかになっている。親および子どもの教育期待、学力や成績の不利を引き起こす要因に関しては、母子世帯においては主に親の学歴や経済的要因が媒介している一方で（稲葉 2012b; 余田 2014; 吉田 2018 ; Nonoyama-Tarumi 2017; 白川 2010; 西村 2018）、父子世帯においては、親の学歴や世帯の経済状況のみでは説明されない不利が存在し（稲葉 2012b; 余田 2014; 西村 2018）、関係的側面での不利や親の教育期待などの媒介が示唆されることもある（Nonoyama-Tarumi 2017; 西村 2018; 稲葉 2012b）。また、関係的資源の指標における問題、父親と子どもが住む父子世帯のセレクションバイアスの問題への言及もなされている（白川 2010）。

本章における検討課題である、教育達成の不利に関する研究の積み重ねからは、日本のひとり親世帯出身者には高校進学・卒業、および高等教育の進学・卒業における格差が存在し、特に高等教育に関しては近年も格差が大きいことが明らかになっている（稲葉 2008, 2011a, 2011b; 余田 2012; 鹿又 2014b, 2017; 斉藤知洋 2014; 斉藤裕哉 2018）。そして、そのようなひとり親世帯出身者の高校進学や高等教育進学における格差は女性において大きいことも指摘されている（稲葉 2008, 2011a, 2011b; 鹿又 2014b）。日本においては、主に SSM 調査（社会階層と社会移動に関する全国調査）データ、NFRJ（全国家族調査）データ、JGSS（日本版総合的社会調査）データの分析によって、ひとり親世帯の子どもの教育達成の不利が徐々に明らかにされてきたものの、そのような先行研究では、子どもの教育達成における不利がどのよう

な要因に媒介されて成立するものであるのかについては、まだ十分に明らかにされていない。ひとり親世帯出身者の高等教育進学における格差の一部は、親の学歴や暮らし向き、成績などを媒介としている一方で、それらだけでは説明されない効果も残っているという（稲葉 2008, 2011a; 斉藤知洋 2014; 斉藤裕哉 2018; 余田 2012）。また、家族構造に関して、母子世帯、父子世帯それぞれの教育達成への着目も一部なされている一方で（斉藤知洋 2014; 余田 2012）[5]、上記の研究の多くは早期父不在者に着目した研究であり、親の離婚や再婚などの影響に直接着目した研究は少ない（稲葉 2011b, 2016; 余田 2014）。加えて、詳しくは後述するが（次節の 2.2.1）、早期父不在の測定には限界[6]も存在し、特に離別の父不在に関しては、正確に測定できていない可能性も大きい。

　前述のように、ひとり親世帯の中でも特に親の離婚に着目し、子どもの教育達成を検討した日本の先行研究は限られているが、主な知見を要約すると、離別世帯出身者や親の離婚を経験した者の教育期待（余田 2014）や教育達成（稲葉 2011b, 2016）における不利が明らかになっている。まず、教育達成については、親の離婚は高校進学や高等教育進学にマイナスの効果を有し（稲葉 2011b, 2016）、特に女性においてマイナスの効果がより大きいことが確認されている（稲葉 2016）。さらに、子どもの教育期待や教育達成における親の死別と離別の効果を比較すると、日本においても離別のほうが教育期待や教育達成への不利が大きいことが示されている（余田 2014; 稲葉 2016）。

　親の離婚による子どもの教育面への不利を生み出すメカニズムについては十分には明らかにされていないが、数少ない日本の先行研究の分析結果から考えると、死別よりも離別において不利が大きく（余田 2014; 稲葉 2016）、離別母子世帯の不利は経済的要因によって一定程度説明されていることから（余田 2014）、親の離婚の教育面での不利の一部は経済的要因を媒介して成立していると考えられる。また、離婚からの期間が短い離別母子世帯に加えて、再婚世帯においても子どもの教育面に不利が見られ

ることからは、家族構造の変化や家族関係におけるストレスという側面から説明する家族ストレス仮説と整合的であるとの見方も可能である（余田2014; 稲葉2011b）。しかしながら、親の離婚が子どもの教育達成に与える影響は、データの制約もあり、不利が生み出されるメカニズムは十分に検討されてはいない。教育期待に対する経済的要因による媒介効果の検討を除き（余田2014）、その他の要因については直接的な媒介変数を用いた分析はなされていない。

　以上のように、日本においても2000年以降に徐々に研究が積み重ねられ、ひとり親世帯出身者や親の離婚経験者の教育達成の格差の実状が明らかにされつつある。その一方で、日本の先行研究は以下の二つの課題をかかえている。第一に、経済的要因を除いては、教育達成における不利が生じるメカニズムが十分に解明されているわけではない。教育達成の不利を生み出すメカニズムを明らかにすることは、近年増加している親の離婚を経験する子どもの教育達成の不利に対して、どのような支援策が有効であるかを検討するうえでも重要となる。そこでは経済的要因に加えて、これまで十分に検討されてこなかった、社会化に関連するその他の仮説についても検討する必要がある。ストレス仮説の検証にあたっては、親の離婚の時期の特定と関連する変数の情報が必要であるが、現時点では国内でそれに適した利用可能なデータがなく、本書でも検討することができない。今後日本においてもそのようなデータの蓄積が求められる。加えて、後述のように（2.3.1 仮説と分析方法）、日本においては学校外教育の利用機会がひとり親世帯の子どもの成績や進学に影響を及ぼすことも想定されるため、そのような可能性についても検討していく必要がある。

　第二に、先行研究のほとんどは死別と離別とを含む早期父不在を扱った研究であり、データの制約の結果として、親の離婚経験者の一部を把握することができていない可能性がある（詳しくは次節の2.2）。死別よりも離別において不利が大きいことが明らかにされており（余田2014; 稲葉2016）、親の離婚経験者にどのような要因が関与することで教育達成の不利が生み

出されているのかを明らかにする必要がある。前述のように、教育達成における格差は、それ自体が重要な問題であるだけではなく、その後のライフコースの格差に影響を及ぼすという意味でもとりわけ重要な問題である。以上の理由から、本章では、親の離婚経験者の教育達成の不利およびその生成メカニズムについて検討する。

2.2　本書におけるデータの概要

2.2.1　先行研究におけるデータの制約

　本書における親の離婚と子どものライフコースの格差に関する分析では、親の離婚に関する情報と子どもの学歴、職業、家族形成に関する情報が得られていることが必須となる。本節では特に主要な変数である、親の離婚に着目して、先行研究におけるデータの制約および本書におけるデータの概要について確認する。なお、2章～4章は共通のデータを用いるが、各章の分析に用いる変数の詳細、仮説と分析方法については、各章の分析部分において扱う。

　先行研究において定位家族の家族構造と子どもの教育達成に関して検討する際に用いられる、日本の主な大規模調査データには、SSM 調査データ（稲葉 2008, 2011a）、JGSS データ（余田 2012; 斉藤知洋 2014）、NFRJ データ（稲葉 2011b, 2016）がある。しかしながら、それらのデータには家族構造に関して以下の制約がある。まず、SSM 調査データおよび JGSS データにおいては、共通な制約として、第一に、15 歳時に父親が不在である場合に、その「父親」が「生みの親なのか、育ての親なのか」を識別できず、再婚した場合にどのように回答しているかは回答者の判断によることになることが指摘されている（稲葉 2011a: 242）。第二に、離婚した父親と連絡を取り合っている場合などは、「父はいなかった」と回答されていない可能性もあること（稲葉 2011a: 242）、10 ～ 15 歳に父親が死亡している場合であっても、「15 歳頃」の父親の職業が回答されているケース（稲葉

2008: 6）が確認されている。これらのことから親の離婚経験者の測定につ
いて考えると、SSM 調査データおよび JGSS データでは、回答者が親の
離婚を経験していたとしても、親が再婚している場合には離婚の経験が測
定されない可能性があること、離婚した親についても「父はいなかった」
とは回答されていない場合があり、親の離婚経験を正確に把握できていな
い可能性がある。

　次に、NFRJ データを用いて家族構造と子どもの教育達成を検討する場
合には（たとえば稲葉 2011b, 2016）、主に (1) 回答者を子世代として、回答
者の親の死亡年を用いて親の死別が回答者の学歴に与える影響を検討す
る方法と、(2) 回答者を親世代とし、回答者および配偶者の結婚経歴が回
答者の子どもの学歴に与える影響を検討する方法が可能である。(2) の回
答者と配偶者の結婚経歴を用いた家族構造については、「現在の回答者の
家族」を離別無配偶、死別無配偶、再婚、初婚継続に分類する方法（稲葉
2011b）、回答者と配偶者の離婚経験[7]および再婚経験[8]を用い、親の離婚
経験および再婚経験を操作化する方法がある（稲葉 2016）。まず、「現在の
回答者の家族」を家族構造として用いる場合には、回答者の現在の家族構
造と子どもが育った定位家族の家族構造とが必ずしも一致しないという問
題がある（稲葉 2011b）。次に、回答者および配偶者を親世代として、その
離婚経験を用いて検討する場合には、対象者を結婚歴があり、子どものい
る者に限定しなければならないという制約がある（稲葉 2011b）。その場合
に男性の回答者（親世代）における離婚経験の割合が低くなることについ
ては、離別無配偶の男性の回収率が低いという可能性だけでなく、離婚後
に子どもと別居している男性が子の情報を回答していない可能性もあると
いう（稲葉 2016）。この点については、親の離婚経験者のライフコースの
格差を検討する際には特にデータにおける制約となる可能性がある。また、
親の離婚を経験している場合に、その後子どもが母子世帯または父子世帯
のどちらで過ごしたかなどの同居の状況については判別できないという限
界も存在する（稲葉 2016）。以上のように、先行研究で主に用いられてきた、

SSM 調査データ、JGSS データ、NFRJ データには、それぞれ利点もある一方で、親の離婚経験の測定および操作化においてはデータに大きな制約が存在する。

2.2.2　本書におけるデータの概要と特徴

　本書の親の離婚と子どものライフコースの格差に関する分析では（2章〜4章）、「働き方とライフスタイルの変化に関する全国調査（JLPS）」（東京大学社会科学研究所パネル調査プロジェクト）の若年・壮年パネル調査の合併データを用いる。2006 年 12 月時点において、若年のデータは 20 〜34 歳の男性 1,693 人、女性 1,674 人、壮年のデータは 35 〜 40 歳の男性 672 人、女性 761 人を対象としており、若年・壮年パネル調査対象者は男女合計 4,800 人である（wave1 の回収率は若年調査 34.5%、壮年調査 40.4%）（東京大学社会科学研究所附属社会調査・データアーカイブ研究センター　2010a, 2010b）。層化 2 段無作為抽出による調査であり、郵送配布・訪問回収法を用いている。本書では、パネル調査データのうち、2007 〜 2013 年の 7 年分（wave1 〜 wave7）のデータを使用する。ただし、分析においては特定の wave のみで尋ねられている項目を使用しなければならない場合（教育達成に関する分析の一部の媒介変数および各章の補足的な分析の一部）を除き、主に wave1 の変数を用い、wave2 以降のデータは欠損値がある場合などに補足的に用いている。

　2 章〜 4 章の分析において JLPS データを用いる主要な理由としては、前述の先行研究で使用されるデータでは親の離婚経験の一部を把握できない可能性がある一方で、JLPS データでは親の離婚を経験したことがあるか否かが直接問われており、子世代の親の離婚の経験を正確に把握できるという点が挙げられる。加えて、これまでの先行研究では多くの場合、ひとり親世帯を死別と離別の両方を含む「早期父不在」世帯として操作化せざるをえなかったが、JLPS データでは、親の死別と離別を識別できるという利点もある。また、詳しくは各章の分析部分において後述するが、親

の離婚経験が把握できるほかに、回答者自身の学歴、子どもの頃の家庭や学校、教育における経験、学卒後の初職や失業・転職の経験、回答者自身の結婚や離婚などの情報を含むデータであることも JLPS データを選択した理由である。

　上述のように JLPS データはパネルデータではあるが、全ての主要な分析の従属変数については、wave1 における回顧式の質問項目のみを用いている。そのため、wave1 では尋ねられておらず、wave2 以降でのみ尋ねられている項目を使用する一部の分析を除き、wave1 で尋ねられている項目については、パネル調査特有の脱落の問題は発生しない。しかし、使用する変数の一部には wave1 以外において尋ねられている項目もあるため、以下に各 wave における継続率について確認をする（表2-1）。

　wave1 の回収率についても若年パネル調査のほうが低いが、継続率についても、若年パネル調査のほうが壮年パネル調査よりも脱落している傾向にあり、各 wave において残っている有効回収票の割合が低くなっている。本書では前述のようにパネルデータとしての利用は控えるが、同データの脱落傾向について確認すると、年齢が若い層、男性、低学歴層、離死別者、婚約者（その後の結婚に伴う引っ越しのため）、階層帰属意識が低い層、世帯収入が少ない層において脱落しやすい傾向にあることが指摘されている（田辺 2012）。したがって、低学歴層や離別者が脱落しやすいという傾向にあるために、wave2 以降のデータがあるケースのみを用いる場合には、親の離婚経験者自身の学歴が低く、離婚を経験しやすいとすれば、そのような親の離婚経験者の一部が脱落しやすい傾向にあることが予測される。しかし、本書では主に wave1 における回顧式の質問項目を用いた分析を行っているために脱落の影響は少ないと考えられる。

　加えて、同データの特徴については、学歴の分布において高めに偏っていること、職業に関して専門および事務を過大に、販売と生産工程・労務を過少に推定してしまっていることが指摘されている（三輪 2008b）。そのようなデータの偏りはあるものの、偏りは他のパネル調査と比較してもあ

表 2-1　各 wave の有効回収票と継続率 [9]

| | 若年パネル | | 壮年パネル | |
	有効回収票	継続率	有効回収票	継続率
wave1	3367		1433	
wave2	2716	80.7%	1246	87.0%
wave3	2443	72.6%	1164	81.2%
wave4	2174	64.6%	1012	70.6%
wave5	2232	66.3%	1087	75.9%
wave6	2121	63.0%	1058	73.8%
wave7	2038	60.5%	1038	72.4%

注）継続率 = 各 wave 有効回収票／wave1 有効回収票

まり変わらない水準であるために、データの代表性には致命的問題はない
と結論づけられているため（三輪 2008b）、本書においてもデータの偏りは
あるが大きな問題はないものとして分析を行う。ただし、脱落の問題や調
査の対象者の偏りの問題とは別に、分析に用いる変数における欠損値の問
題は存在する。その点に関しては今後の課題とし、有効な回答がある層に
着目し、親の離婚経験者におけるライフコースの格差について明らかにす
る。

2.2.3　データにおける親の離婚経験の変数と分布

　本項では 2 〜 4 章において共通の最も主要な変数である「親の離婚経
験」の変数について、その操作化および分布を確認する。理論的には、
「親の離婚」には、親のみが経験している離婚と、親と子どもの両方が経
験している離婚とがある。具体的には、前者は、たとえば子どもがいない
状態での離婚であり、後に再婚し、再婚相手との間に子どもが生まれてい
る場合には、親が離婚を経験していたとしても、子どもは「親の離婚」を
経験していないことになる。しかしながら、本書では親の離婚経験者にお
ける格差を問題とするために、前者は扱わず、後者の「子どもが経験して
いる親の離婚」に着目する。wave1 の調査票における「あなたは今まで
に以下のような出来事を経験したことがありますか」という設問に「親が

離婚した」を選択している対象者を「親の離婚経験あり」として扱った。

　JLPS データでは、親の離婚経験は尋ねられているが、親の離婚の時期については尋ねられていない。したがって、親の離婚経験を用いた分析に際して、親の離婚の時期の特定ができないというデータの制約があるため、離婚の時期については先行研究に基づく以下の仮定のもとで解釈する。離婚に関する先行研究より、離婚の約 9 割は 15 年以内に発生し、20 年を過ぎるときわめて少ないことが推定されている（Raymo et al. 2004）。そのため、親の離婚はほとんどの場合、子どもの教育達成や初職、家族形成以前に生じていると考えられる。したがって、親の離婚経験を分析した先行研究と同様に（稲葉 2016）、本書では、親の離婚経験が子ども（回答者）の教育達成や初職、家族形成よりも前に生じていると仮定して分析結果を解釈する。

　加えて、2 ～ 4 章において共通して用いる、親の学歴に関する変数は以下のように操作化している。親の学歴の変数には、wave1 で尋ねている父母の「最後に通った学校」における回答を用い、父母の最終学歴（卒業／中退の別は不明）が短大・高専以上である場合に「親高等教育」とするダミー変数を作成し、分析に用いている。本書は、親の離婚経験者というケース数の確保が難しい人々を扱った研究であるため、親の学歴についてもできるかぎり欠損値を避ける必要がある。親の学歴については、親の離婚経験者は一方の親の学歴しか回答していない割合が高いことに加え[10]、親の離婚の時期がわからず、子が育った世帯が母子世帯、父子世帯、二人親世帯のいずれなのかを区別できないというデータの制約があるため、上記のように親の少なくともどちらかが高等教育を受けているか否かを親の学歴として操作化する方法をとった。

　本書の主要な変数である、親の離婚経験の変数の分布を確認すると（表2-2）[11]、まず、データ全体（N=4114）における親の離婚経験者の割合は8.7%（n=358）である。男女別、コーホート別では親の離婚経験者は 8.1%～ 9.1% と大きくは変わらず、いずれにおいても一定数存在している。最

表 2-2　親の離婚経験者の分布

	N	親の離婚経験者	
		%	(n)
全体	4114	8.7%	(358)
男性	2003	8.8%	(176)
女性	2111	8.6%	(182)
出生コーホート			
1966-70 年	1024	8.8%	(90)
1971-75 年	1142	9.1%	(104)
1976-80 年	930	8.1%	(75)
1981-85 年	1018	8.7%	(89)
親非高等教育	2686	9.5%	(256)
親高等教育	1428	7.1%	(102)

後に、親の高等教育の有無別に親の離婚経験者の割合を確認すると、親の学歴が非高等教育（中学校・高校・専門学校）である場合、親の離婚経験者は 9.5%（n=256）であるのに対し、親が高等教育を受けている層では、親の離婚経験者は 7.1%（n=102）と低い。補足的に χ^2 検定を行ったところ、1% 水準で有意であった（χ^2=6.69, df=1）。この結果からは、親の学歴が低い層で特に親の離婚経験がある傾向が示されており、日本においても離婚は低学歴層で生じやすいとする知見とも整合的である（Raymo et al. 2004; 斉藤知洋 2018a; Raymo and Iwasawa 2017 など）。

2.3　分析と考察

2.3.1　仮説と分析方法

　本章では、親の離婚経験者の教育達成の不利を明らかにするとともに、不利を生み出す媒介要因について検討する。なお、ストレス仮説および役割モデル仮説も重要な仮説ではあるが、管見の限り、これらについて検討可能なデータは見あたらないため、本章では扱わない。

まず、親の離婚が子どもの教育達成に与える影響を分析する際には、疑似相関である可能性を考慮する必要がある。先行研究では、セレクション仮説として、家族構造や親の離婚に先行する要因として、親の学歴や人種・エスニシティなどの要因の効果が検討されている（Mulkey et al. 1992；Furstenberg and Teitler 1994 など）。本書においても、親の離婚経験が子どもの教育達成に与える効果が、(1) 親の学歴というセレクションによって説明される可能性について検討する。その際に、親の学歴を統制してもなお、親の離婚経験が子どもの教育達成に与える効果が残るのかを確認する。セレクションの効果については、データの制約から扱いうる変数は限定される。ここでは不十分ではあるが、出身階層を示す指標として、親の高等教育の有無を用いる。なお、前述のように、特に親の離婚経験者については必ずしも両方の親の学歴を回答されているわけではなく、欠損値が多いために、親のどちらかの最後に通った学校が高等教育か否か、によって変数化する。この仮説によって、親の離婚経験者の教育達成の不利が親の学歴によって説明される場合には、親の離婚によって不利が生じるというよりむしろ、親の学歴が低い層において親の離婚が生じており、出身階層の不利が子どもの教育達成の不利をもたらしているということを意味する。

　次に、先行研究において指摘される経済的剥奪仮説として、親の離婚経験が子どもの教育達成に与える不利が、(2a) 経済的要因によって説明される可能性について検討する。具体的には、親の学歴によるセレクションの影響を統制したうえで、親の離婚経験が子どもの教育達成に与える効果のうち、「15歳時暮らし向き」を媒介とした効果を確認する。既述のように、日本においては、ひとり親世帯の貧困率が顕著に高いが、離別と死別では社会保障制度も異なり、離別世帯において貧困率が特に高い。そのため、親の離婚経験者の教育達成における不利は、経済的要因が媒介している可能性がある。

　「15歳時暮らし向き」[12] については、自己の認識による回答かつ回顧式の項目であること、「15歳だった頃（中学卒業時）」以降に暮らし向きが急

変している場合には、そのような変化を考慮することができないという限界はある。この点については対処することができないが、「令和3年度全国ひとり親世帯等調査」によると、死別と不詳による母子世帯を除く、主に離別世帯からなる生別の母子世帯においては、母子世帯になった時の母親の平均年齢は34.0歳であり、その時の末子の平均年齢は4.5歳である（厚生労働省 2022: 3-4）。また、生別の母子世帯のうち、末子年齢が15～19歳のときに母子世帯となったのは2.9%（15～17歳は2.5%、18・19歳は0.4%）にとどまる（厚生労働省 2022: 4）。そのため、実際には親の離婚の多くはそれ以前に生じている可能性が高い。経済的剥奪仮説が成立している場合には、親の離婚経験者の教育達成の不利は経済的要因によるものであるということになるため、貧困・低所得の世帯への所得保障を手厚くすることなどが政策的には考えられる。以上の親の学歴と暮らし向きの2つの変数については、いずれも wave1 において尋ねられている変数であるため、ケース数をそろえて分析を行うことができる。

　既述のように、日本においては塾や予備校などの学校外教育の利用が子どもの成績や進学に影響を及ぼすことも考えられる。先行研究においては、学校外教育が子どもの成績や学習時間、教育達成に与える効果に関する結果は一貫していないが（眞田 2018; 中澤 2013; 鳶島 2012; 片岡 2001; 片瀬・平沢 2008; 卯月 2015; 竹ノ下・裵 2013; 盛山・野口 1984; 片岡 2015; 都村ほか 2011）、低所得の世帯の中学校3年生の子どもの学習時間における不利は、学校外教育を媒介していることが明らかになっている（卯月 2015）。加えて、ひとり親世帯の子どもの学習時間は少ない傾向にあることも示されており（稲葉 2012b; 卯月・末富 2015）、本書においても、親の離婚経験者の教育達成における不利が学校外教育の利用機会を媒介している可能性が考えられる。wave2 における中学生のときに半年以上「塾・予備校に行っていた」経験について尋ねた項目を用いて、親の離婚経験が教育達成に与える不利が、(2b) 学校外教育の利用によって説明される可能性を検証する。

　この仮説の家族構造との関連は、以下のように位置づけられる。日本に

おいては、近年、学習塾等の学校外教育の利用が増加しており、特に中学生の学校外教育の利用は一定の重要度があることがわかる[13]。中学3年生における学習塾等の利用は約65%であり、その月額の費用で最も多いのは25,001円～30,000円であるという（文部科学省2008）。そのような中で、前述の通り、日本においてはひとり親世帯、特に離別世帯や母子世帯において経済的状況が厳しいことが明らかになっており、このために親の離婚経験者の学校外教育の利用機会が制限されている可能性がある。日本の文脈においては、従来の欧米の先行研究において検討されている経済的要因に加えて、学校外教育の利用についても検討する必要があるだろう。学校外教育の利用機会が少ない可能性については、経済的要因の日本における下位仮説（2b）として位置づけたい。学校外教育の利用に関する仮説が成立している場合には、親の離婚経験者の教育達成の不利は塾などの学校外の教育機会が制限されていることに起因するということになるため、塾代支援制度や学校での補習、学習支援などが効果をもつと考えられる。

次に、先行研究においては、家族構造や親との離別と、非行や問題行動、学校の欠席や遅刻との関連が指摘されており（Astone and McLanahan 1991; Videon 2002; Peterson and Zill 1986; Markowitz and Ryan 2016 など）、本書においても、親の離婚経験が子どもの教育達成に与える不利が、(3) 子どもの学校での問題行動によって説明される可能性を検証する。本データにおいて子どもの学校での問題行動に関して使用可能な変数としては、wave2において尋ねられている、中学校の時に「授業をさぼった」、「学校でタバコを吸った」という経験である[14]。米国の先行研究においては、家族構造と子どもの教育面における不利の要因として、非行や問題行動との関連、病気などの理由以外の学校の欠席、すなわち学校をさぼること（または遅刻すること）との関連が示されることもある（Mulkey et al. 1992; Heard 2007; Elder and Russell 1996 など）。このような問題行動による媒介は、前述の家族構造の仮説の中で、親の統制の不足の結果として問題行動が生じ、教育達成の不利が生じるものとして位置づけることができる。ひとり親世帯や

離別世帯においては、親の統制が不足することによって、仲間から影響を受けやすくなり、子どもの問題行動が生じやすく、教育における動機づけが低下する結果として、教育達成の低さにつながりうると考えられる。「授業をさぼった」経験や「学校でタバコを吸った」という経験は、統制の不足と関連しうる問題行動であるというだけでなく、学校に関わる「逸脱的」な行動であるという意味では、教育への動機づけや教育達成の低さと関連付けて考えることが可能だろう。

　なお、親の離婚と子どもの問題行動との関連については、心理的なストレスによる行動面での問題とするとらえ方もあるが、今回の変数は、情緒的な側面における問題行動（たとえば学校や日常生活における情緒的な不安定さや学校での友人との関係における問題など）を測定した変数ではないため、上述の解釈を優先した。ただし、親の統制仮説における解釈と整合的であるかということには言及できるが、親の統制それ自体や子どもの行動の把握などの変数はデータには含まれていないため、直接的な親の統制の効果は確かめることはできない。子どもの問題行動仮説が成立している場合には、親の統制仮説と整合的であるということになり、親や学校、周囲の人々による子どもの行動への統制によって、子どもの学校や教育における動機づけを高めることが重要であるということを意味する。

　さらに、先行研究では、学校や教育に関する親の関わりに着目した仮説としてペアレンティング仮説があったが、本書においても、親の離婚経験が子どもの教育達成に与える効果が、(4) 勉強や将来に関連した親の関わりによって説明される可能性を検証する。本章においては、教育達成に及ぼす影響を検討するため、子どもの教育や地位達成への動機づけとなるような親の関わりに着目する。具体的には、wave4 において尋ねられている、中学生の頃の親・保護者の「学校の成績への関心」、「勉強への気づかい」、「あなたの将来への期待」といった、勉強や進路との関連が考えられる変数を用いて検討する [15]。これらの３つの変数を合成し、親の関わりの変数として使用した（クロンバックの α 係数：男性 α =0.763、女性 α =0.789）。親

の関わり仮説が成立している場合には、ペアレンティング仮説が支持されたということになり、子どもと関わる時間を確保するために親の役割過重を軽減すること、または親だけでなく学校や周囲の人々による関わりを充実させることで、子どもの教育への動機づけを高めることが重要であるということを意味する。

　最後に、これらの仮説に加えて、日本の先行研究においては、ひとり親世帯の子どもの教育達成における不利は成績を媒介としていることが示されているため（稲葉 2008, 2011a; 斉藤知洋 2014; 斉藤裕哉 2018 など）、本データにおいても、親の離婚経験者の教育達成における不利が、(5) 成績によって説明される可能性を検討する。具体的には、他の仮説と同様に、教育達成を従属変数として、親の学歴を統制したモデルにおいて、親の離婚経験の成績による媒介を確認する。

　ただし、成績の仮説は、他の仮説と同様に「親の離婚経験→成績→教育達成」という媒介効果を検討することができる一方で、親の離婚経験者の成績における不利は、上記の (1) 〜 (4) の仮説の要因によっても説明される可能性があるという意味で、その他の仮説とはやや質的に異なる仮説でもある。すなわち、成績については、「親の離婚経験→上記の (2) 〜 (4) の仮説の要因→成績」または「親の離婚経験者の (1) 親の学歴→成績」といった関連も想定される。そのため、成績の仮説に関しては、補足的に「成績を従属変数」に設定した仮説 (5a) として、「親の離婚経験が成績に与える効果が上記の (1) 〜 (4) の要因によって説明されるか否か」についても確認する。

　次いで、「教育達成を従属変数」として、親の離婚経験者の教育達成における不利について、「成績による媒介」を確認し、さらに、その他の要因を統制したうえでの成績の媒介を確認する。この成績による媒介の仮説 (5b) が成立していた場合には、親の離婚経験者の教育達成の不利の一部は成績不振を媒介としており、学習に対する支援が重要であるということを意味する。なお、成績の変数は、中学校 3 年生の時の成績に関する項目を

用いる。回顧式の回答であるという限界はあるものの、成績を統制したモデルにおいても親の離婚の効果が残っている場合には、成績を考慮したとしても親の離婚経験者において教育達成に不利が存在することを意味する。

　本章では、以上の (1) ～ (4) の仮説および、(5a) 成績を従属変数とした仮説、(5b) 成績による媒介の仮説を検証するが（表 2-3）、教育年数を従属変数とした重回帰分析を行い、それぞれの仮説に対応した変数をモデルに投入することで、親の離婚経験の効果が説明される可能性を検討する。分析においては、出生コーホートを統制するほか、男女によって親の離婚経験の影響が異なることも考慮し、男女を分けて分析を行う。分析に用いる変数の詳細は以下の通りである（表 3-1）。なお、前述のように、学校外教育・問題行動・親の関わりの変数は、wave1 においては尋ねられていないため、仮説 (2b) ～ (4) の分析では wave1 の対象者の一部が脱落してしまっている。そのため、仮説 (1) ～ (2a) と仮説 (2b) ～ (4) では分析におけるケース数が異なってしまうが、(1) ～ (2b) の仮説の検証において可能なかぎり偏りを避けるために、ケース数をそろえずにモデルごとに別々に分析を行った。

2.3.2　記述的分析

　本節では、親の離婚経験者における教育達成の不利に関して、まず、(1) 親の学歴によるセレクション、(2a) 経済的要因（15 歳時の暮らし向き）、(2b) 学校外教育の利用（中学生の時の塾・予備校の半年以上の利用）、(3) 子どもの学校での問題行動、(4) 勉強や将来に関連した親の関わりという (1) ～ (4) の仮説の検討を行い、それらを検討した後に、(5a) 成績を従属変数とした仮説、および (5b) 成績による媒介の仮説を検討する。仮説の検証に先立って、記述統計量を確認する。まず、親の学歴の変数を確認すると（表 3-2）、親の離婚経験ありの場合に親の学歴が高等教育である割合がやや低くなっている。この結果については、日本においても離婚は低学歴層において生じやすいとする知見と整合的である。次に、15 歳時の暮らし向き

表2-3　本章において検討する教育面における不利に関する仮説

(1) 親の学歴	セレクション仮説
(2a) 経済的な要因 （15歳時の暮らし向き）	経済的剥奪仮説
(2b) 学校外教育の利用 （中学生の時に約半年以上、塾・予備校 を利用した経験）	経済的剥奪仮説の日本における下位仮説
(3) 子どもの学校での問題行動	親の統制に関連した下位仮説
(4) 勉強や将来に関連した親の関わり （成績への関心、勉強への気づかい、 将来への期待）	ペアレンティング仮説のうち、子どもの教 育や地位達成への動機づけに関連した親の 関わりの仮説
(5) 成績	成績を従属変数とした仮説（5a）、 成績による媒介の仮説（5b）

表3-1　教育達成の分析に用いる変数

親の離婚経験	wave1時点までの「親が離婚した」経験。
教育年数	回答者の教育年数（9-18年）。中学校＝9年、高校・専門学校＝12年、短大・高専＝14年、大学＝16年、大学院＝18年とした。中退している場合は前の段階の学歴とした。
出生コーホート	出生コーホートは、1966-70年、1971-75年、1976-80年、1981-85年。基準カテゴリーは1966-70年。
親高等教育	父母どちらかの最後に通った学校が短大・高専以上。
15歳時暮らし向き	15歳の頃（中学校卒業時）の暮らし向きについて、「当時のふつうの暮らし向きと比べて」、貧しい（＝1）、やや貧しい（＝2）、ふつう（＝3）、やや豊か（＝4）、豊か（＝5）を1〜5とした。
中学時の学校外教育	中学生の時に約半年以上「塾・予備校に行っていた」経験がある。
中学時の問題行動	中学生の時の「授業をさぼった」、「学校でタバコ」のそれぞれの経験についてのダミー変数。
親の関わり	中学生の頃の親・保護者の関わりを尋ねた下記の①〜③それぞれについて、まったくあてはまらない（＝1）、あまりあてはまらない（＝2）、ややあてはまる（＝3）、とてもあてはまる（＝4）を1〜4とした。勉強や進路との関連が想定される、①〜③の3変数を合計し、親の関わりの変数として使用した（クロンバックのα係数男性α=0.763、女性α=0.789）。①学校の成績への関心（「あなたの学校での成績に関心をもっていた」）、②勉強への気づかい（「あなたの勉強がはかどるように気をつかっていた」）、③あなたの将来への期待（「あなたの将来に期待していた」）。
中3成績	中学校3年生の時の学年の中での成績について、下の方（＝1）、やや下の方（＝2）、真ん中あたり（＝3）、やや上の方（＝4）、上の方（＝5）を1〜5とした。

に関しては、親の離婚経験ありの場合に、ない場合に対して、平均値が有意に低い。また、暮らし向きが「貧しい」「やや貧しい」と回答した割合でみると、親の離婚経験がない場合には、13.3% であるのに対し、ある場合には 38.5% と約 4 割が暮らし向きが貧しかったと回答している。15 歳時の暮らし向きについての項目は、回顧式であると同時に主観的な変数ではあるが、親の離婚経験者は 15 歳であった頃、すなわち中学校 3 年生の頃を振り返って、貧しかったと回答している割合が高い。

　本節における従属変数である教育年数に関しては、男性では親の離婚を経験していない者の平均値は 14.11 年であるのに対し、親の離婚経験者においては 12.89 年と教育達成が有意に低い。女性においては、男性よりも教育年数の平均値が低く、親の離婚を経験していない者の教育年数の平均値は 13.66 年、親の離婚経験者では 12.67 年である。男女ともに親の離婚を経験していない者に比べて、親の離婚経験者は約 1 年教育年数の平均値が低くなっている。親の離婚経験者は、中学卒と高校卒を合わせると男女ともにそれぞれ 50% を超え、親の離婚を経験していない者に比べて、高校卒以下の学歴の割合が高くなっている。反対に、学歴が高等教育卒（短大・高専卒、大学卒、大学院卒）である者の割合は、親の離婚経験者においては男性で約 30%、女性で約 27% と低いが、親の離婚を経験していない者においては、それぞれ約 53 ～ 54% と半数を超える。親の離婚経験者は高校卒以下の割合が高く、高等教育卒の割合が低いという傾向が顕著にみられ、日本においても親の離婚経験者は教育達成に格差があることがわかる。

　補足的な分析の結果、親の離婚経験者は高校の中退経験率および高等教育の中退経験率が高い傾向にあった（表 3-3）。専門学校における中退経験については、男女とも親の離婚経験者のほうが中退経験率は高いものの、有意差は見られなかった。高校進学者における中退経験率に関しては、男性では親の離婚経験がない者は 3.5% であるのに対し、親の離婚経験者は 9.6% と高く、女性では親の離婚経験がない者は 2.0% であるのに対し、親

表 3-2　記述統計量 1

	全体	親の離婚なし	親の離婚あり	χ^2 値／t 値
親高等教育	34.7% (1428)	35.3% (1326)	28.5% (102)	6.69 **
15 歳時暮らし向き（1〜5）	*3.10* *(0.81)*	*3.13* *(0.78)*	*2.69* *(0.99)*	-8.20 ***
（参考）暮らし向き貧しい・やや貧しい	15.5% (638)	13.3% (500)	38.5% (138)	158.85 ***
N	4114	3756	358	
男性 教育年数（9〜18 年）	*14.00* *(2.34)*	*14.11* *(2.31)*	*12.89* *(2.38)*	-6.50 ***
女性 教育年数（9〜18 年）	*13.58* *(1.88)*	*13.66* *(1.85)*	*12.67* *(1.90)*	-6.77 ***
（参考）男性　中学卒	4.2% (85)	3.5% (64)	11.9% (21)	
高校卒	29.1% (582)	27.9% (509)	41.5% (73)	
専門卒	15.0% (301)	14.9% (272)	16.5% (29)	
短大・高専卒	2.7% (55)	2.9% (53)	1.1% (2)	
大学卒	43.0% (861)	44.7% (816)	25.6% (45)	
大学院卒	5.9% (119)	6.2% (113)	3.4% (6)	
（参考）女性　中学卒	1.8% (38)	1.2% (24)	7.7% (14)	
高校卒	27.4% (579)	25.6% (494)	46.7% (85)	
専門卒	19.7% (416)	19.8% (382)	18.7% (34)	
短大・高専卒	22.3% (470)	23.4% (452)	9.9% (18)	
大学卒	27.0% (571)	28.1% (542)	15.9% (29)	
大学院卒	1.8% (37)	1.8% (35)	1.1% (2)	
男性　N	2003	1827	176	
女性　N	2111	1929	182	

（注）％下の括弧内は n。斜体は平均値、括弧内は標準偏差。+ $p<.1$, * $p<.05$, ** $p<.01$, *** $p<.001$

表 3-3　親の離婚経験有無による中退経験に関する補足の分析結果

	全体	親の離婚なし	親の離婚あり	χ^2 値
男性				
高校中退経験	4.0% (93)	3.5% (73)	9.6% (20)	18.31 ***
N	2312	2103	209	
専門学校中退経験	12.2% (53)	11.7% (46)	17.1% (7)	1.00
N	434	393	41	
短大・高専・大学 中退経験	6.1% (73)	5.4% (61)	17.1% (12)	15.89 ***(a) (Fisher の直接確率検定を併用 $p<.001$)
N	1199	1129	70	
女性				
高校中退経験	2.3% (56)	2.0% (43)	6.5% (13)	16.79 ***(a) (Fisher の直接確率検定を併用 $p<.001$)
N	2400	2201	199	
専門学校中退経験	7.7% (43)	7.6% (39)	8.9% (4)	1.00 (a)
N	559	514	45	
短大・高専・大学 中退経験	3.9% (47)	3.1% (36)	16.9% (11)	31.55 ***(a) (Fisher の直接確率検定を併用 $p<.001$)
N	1217	1152	65	

(注)％下の括弧内は n。$+p<.1$, $*p<.05$, $**p<.01$, $***p<.001$　　(a)1 セル期待度数 5 未満のため参考値。それぞれの学校に進学したことがある者のうち、中退経験がある割合。中退経験はケースが限られるため、その他の分析で用いる変数の欠損値に N を合わせていない。

の離婚経験者では 6.5% であった。親の離婚経験者のケース数が少ないという限界はあるものの、高等教育（短大・高専・大学）への進学者における中退経験率に関しては、男性では親の離婚経験がない者は 5.4% であるのに対し、親の離婚経験者は 17.1%、女性では親の離婚経験がない者は 3.1% であるのに対し、親の離婚経験者では 16.9% であった。このように、ケース数が限られるため詳細な分析はできないものの、親の離婚経験者においては男女とも高校および高等教育の中退経験率が高い傾向にあることが確認できる。親の離婚経験者は進学率が低いことも重要であるが、その一方

表 3-4　記述統計量 2

	全体	親の離婚なし	親の離婚あり	χ^2 値
中学時の学校外教育				
男性　塾・予備校	61.1% (967)	62.5% (908)	45.7% (59)	14.00 ***
女性　塾・予備校	60.1% (1056)	60.6% (984)	53.3% (72)	2.77+
中学時の問題行動				
男性　授業をさぼった	23.2% (367)	21.6% (314)	41.1% (53)	25.22 ***
学校でタバコ	13.5% (214)	12.7% (184)	23.3% (30)	11.36 ***
女性　授業をさぼった	16.3% (286)	15.4% (250)	26.7% (36)	11.61 ***
男性　N	1582	1453	129	
女性　N	1758	1623	135	

(注) % 下の括弧内は n。$+ p < .1$, $* p < .05$, $** p < .01$, $*** p < .001$

表 3-5　記述統計量 3

	全体	親の離婚なし	親の離婚あり	χ^2 値
親の関わり（1 ～ 4）				
男性　学校の成績への関心	*3.00* *(0.75)*	*3.03* *(0.74)*	*2.65* *(0.83)*	-4.18 ***
勉強への気づかい	*2.73* *(0.80)*	*2.76* *(0.79)*	*2.35* *(0.90)*	-4.10 ***
あなたの将来への期待	*2.92* *(0.77)*	*2.93* *(0.76)*	*2.77* *(0.89)*	-1.61 n.s.
上記の 3 変数の合成変数	*8.64* *(1.92)*	*8.72* *(1.87)*	*7.77* *(2.25)*	-3.82 ***
男性　N	1134	1046	88	
女性　学校の成績への関心	*2.92* *(0.78)*	*2.94* *(0.77)*	*2.68* *(0.85)*	-2.98 **
勉強への気づかい	*2.64* *(0.82)*	*2.68* *(0.80)*	*2.22* *(0.88)*	-5.69 ***
あなたの将来への期待	*2.73* *(0.80)*	*2.75* *(0.79)*	*2.48* *(0.84)*	-3.46 ***
上記の 3 変数の合成変数	*8.29* *(2.01)*	*8.37* *(1.98)*	*7.37* *(2.20)*	-4.96 ***
女性　N	1449	1342	107	

(注) 斜体は平均値、括弧内は標準偏差。$+ p < .1$, $* p < .05$, $** p < .01$, $*** p < .001$

で、進学している場合にも、中退の経験率がやや高いということも重要であるだろう。本書においては、データの制約により、中退経験の要因の分析はできないが、前述のように分析においては中退を考慮した最終学歴による教育年数を用いる。

　続いて、親の離婚経験と媒介変数として用いる、学校外教育の利用と親の関わりの変数について記述統計量を確認する（表3-4、表3-5）。まず、中学時の学校外教育の利用については、「中学生の時に塾・予備校行っていた半年以上の経験がある」割合は、男女とも親の離婚経験者においてやや低いが、特に男性において低い傾向にある。なお、親の離婚経験者においてやや低い傾向はみられるものの、約半数は塾・予備校を利用したことがあると回答している。次に、中学時の問題行動に関しては、授業をさぼった経験、学校でタバコを吸った経験ともに男性に多く、親の離婚経験者において特にそのような経験をしている割合が高い傾向にある。なお、女性においては、中学生の時に学校でタバコを吸った経験がある者は女性全体の 2.9％しかいないため、分析には含めない。確認してきたように、多変量の分析において、媒介変数として用いる、中学時の学校外教育、問題行動の双方の変数においても、親の離婚経験との関連が示された。

　加えて、媒介変数として用いるもう一つの変数として、親の離婚経験と親の関わりとの関連を確認する。前述のように、本書では、親の関わりの中でも、学校や教育に関連する親の関わりに着目し、子どもの教育や進路に対する影響が想定される、中学生の頃の保護者の「学校の成績への関心」、「勉強への気づかい」、「あなたの将来への期待」の3つの変数を用いた。男女別にそれぞれの変数を見てみると（表3-5）、全体の平均値は男性のほうがいずれの変数においてもやや高いものの、親の離婚経験がない者に対して、親の離婚経験者は男女ともにいずれの変数の平均値も低い傾向にあった（男性の「あなたの将来への期待」のみ有意差なし）。男性においては、親の関わりの合成変数に「あなたの将来への期待」を含めない方法も考えられるが、クロンバックの α 係数を求めると、男女ともに3つの変数の時

表 3-6　記述統計量 4

	全体	親の離婚なし	親の離婚あり	χ^2 値／t 値
男性 中 3 成績（1 ～ 5）	*3.25*	*3.27*	*2.93*	-2.47 *
	(1.24)	*(1.23)*	*(1.29)*	
（参考）やや下の方・下の方	26.5%	25.7%	36.4%	4.72 *
	(301)	(269)	(32)	
男性 *N*	1134	1046	88	
女性 中 3 成績（1 ～ 5）	*3.33*	*3.36*	*2.88*	-4.45 ***
	(1.09)	*(1.08)*	*(1.10)*	
（参考）やや下の方・下の方	20.4%	19.2%	35.5%	16.37 ***
	(295)	(257)	(38)	
女性 *N*	1449	1342	107	

(注) ％下の括弧内は *n*。斜体は平均値、括弧内は標準偏差。＋*p*＜.1, *＊p*＜.05, *＊＊p*＜.01, *＊＊＊p*＜.001

に最も大きく、男性で α ＝0.763、女性で α ＝0.789 であったため、十分に
内的整合性が高い値であると判断し、上記の 3 つの変数を合計することで
親の関わりについての合成変数を作成した。親の関わりの合成変数は、そ
れぞれ 1 ～ 4 の値をとる 3 変数の合計であるため、最小 3、最大 12 をと
る。親の関わりに関する合成変数は、男女とも親の離婚経験者において有
意に低い傾向にあるため、この変数を多変量による分析において、媒介変
数の一つとして用いる。最後に、親の離婚経験と成績との関連を確認する
と（表3-6）、中学校 3 年生の時の成績については、男女とも親の離婚経験
者は成績を「下の方」「やや下の方」だったと回答する割合が高く、平均
値でみても、成績が有意に低い傾向にある。したがって、成績についても、
親の離婚経験との有意な関連が示された。

2.3.3　教育達成とそのメカニズムに関する分析
　親の離婚経験との関連を確認してきた以上の変数について、本節では前
述の (1) 親の学歴によるセレクション、(2a) 経済的要因、(2b) 学校外教育
の利用、(3) 子どもの学校での問題行動、(4) 勉強や将来に関連した親の関
わりという 5 つの仮説の検討を行う。まず、パネル調査による脱落の影響
を避けるために、wave1 のみで分析可能である変数を用いて、以下に (1)、

(2a) の仮説を検証する。

　教育年数を従属変数とした男女別の重回帰分析の結果（表4-1、表4-2）、モデル1において出生コーホートを統制すると、男性では親の離婚経験がある場合に約1.2年、女性では約1年教育年数が短い傾向が見られた。モデル2において親の学歴を投入することで、この親の離婚経験の効果が親の学歴によるセレクションである可能性について検討すると、男性では約4.9%［(1.22-1.16)/1.22］、女性では約12.1%［(0.99-0.87)/0.99］が親の学歴による効果であることがわかる。親の離婚経験の効果の一部は親の学歴によるものであったが、モデル2において親の学歴を統制しても、親の離婚経験者は教育年数が低い傾向が示された。モデル2において、親の離婚経験と親の学歴はそれぞれ独立な効果として、どちらも有意な効果を示していた。二つの変数の効果を考慮すると、親非高等教育かつ親の離婚経験ありの場合に最も教育年数が短く、親高等教育かつ親の離婚経験なしの場合に最も教育年数が長い傾向にあった。補足的に、親の離婚経験の変数と親高等教育の変数との交互作用項を用いて、親の離婚経験の効果が親の学歴によって異なるかを検討したが、有意な効果は示されなかった。すなわち、親の学歴によって親の離婚経験の効果が異なるというわけでなかった。

　次に、親の学歴を統制したうえで、モデル3において、経済的要因として15歳時暮らし向きの変数を投入すると、親の学歴によるセレクションの効果を除いた親の離婚経験の効果のうち、男性では約10.3%［(1.16-1.04)/1.16］、女性では約10.3%［(0.87-0.78)/0.87］が暮らし向きの効果によって説明されている。ただし、それらすべての変数を統制してもなお、親の離婚経験の効果は男女とも有意なまま残った。なお、補足的な分析において、それぞれの変数の効果が男女で異なるか、性別とそれぞれの変数との交互作用項の効果も検討したが、有意効果は示されなかった。以上の結果から、親の離婚経験者の教育達成の不利の一部分は親の学歴によるセレクション、経済的要因によるものであった。仮説に関しては、(1) 親の学歴によるセレクションは部分的に支持（男性では約4.9%のみであったため）、(2a) 経済的要因の仮説は支持

表 4-1　教育年数を従属変数とした重回帰分析（親学歴、暮らし向き）（男性）

	モデル 1		モデル 2		モデル 3	
			従属変数 教育年数 (9 ～ 18 年)			
	b	β	b	β	b	β
切片	13.85 ***		13.50 ***		12.51 ***	
出生コーホート						
（ref. : 1966-70)						
1971-75 年	0.11	0.02	0.02	0.00	-0.04	-0.01
1976-80 年	0.39 *	0.07	0.22	0.04	0.17	0.03
1981-86 年	0.59 ***	0.11	0.22	0.04	0.14	0.03
親の離婚経験	-1.22 ***	-0.15	-1.16 ***	-0.14	-1.04 ***	-0.13
親高等教育			1.44 ***	0.29	1.32 ***	0.27
15 歳時暮らし向き					0.35 ***	0.12
Adjusted R-square	0.029 ***		0.112 ***		0.127 ***	
N	2003		2003		2003	

（注）b は非標準化偏回帰係数、β は標準化偏回帰係数。+ $p<$ .1, * $p<$ .05, ** $p<$ .01, *** $p<$ .001

表 4-2　教育年数を従属変数とした重回帰分析（親学歴、暮らし向き）（女性）

	モデル 1		モデル 2		モデル 3	
			従属変数 教育年数 (9 ～ 18 年)			
	b	β	b	β	b	β
切片	13.16 ***		12.89 ***		12.29 ***	
出生コーホート						
（ref. : 1966-70)						
1971-75 年	0.51 ***	0.12	0.44 ***	0.10	0.42 ***	0.10
1976-80 年	0.65 ***	0.15	0.40 ***	0.09	0.38 ***	0.08
1981-86 年	0.88 ***	0.20	0.49 ***	0.11	0.45 ***	0.10
親の離婚経験	-0.99 ***	-0.15	-0.87 ***	-0.13	-0.78 ***	-0.12
親高等教育			1.24 ***	0.32	1.18 ***	0.30
15 歳時暮らし向き					0.20 ***	0.09
Adjusted R-square	0.050 ***		0.142 ***		0.149 ***	
N	2111		2111		2111	

（注）b は非標準化偏回帰係数、β は標準化偏回帰係数。+ $p<$ .1, * $p<$ .05, ** $p<$ .01, *** $p<$ .001

表 4-3　教育年数を従属変数とした重回帰分析（学校外教育、問題行動）（男性）

	モデル 1		モデル 2		モデル 3		モデル 4	
	b	β	b	β	b	β	b	β
切片	13.52 ***		13.29 ***		13.86 ***		12.73 ***	
出生コーホート								
（ref.：1966-70）								
1971-75 年	0.04	0.07	-0.02	-0.01	0.05	0.01	-0.06	-0.01
1976-80 年	0.24	0.04	0.18	0.03	0.24	0.04	0.13	0.02
1981-86 年	0.20	0.04	0.14	0.02	0.23	0.04	0.09	0.02
親の離婚経験	-1.26 ***	-0.15	-1.18 ***	-0.14	-0.98 ***	-0.12	-0.79 ***	-0.09
親高等教育	1.51 ***	0.31	1.49 ***	0.30	1.43 ***	0.29	1.28 ***	0.26
15 歳時暮らし向き							0.32 ***	0.11
中学時の学校外教育			0.46 ***	0.11			0.43 ***	0.09
中学時の問題行動								
授業をさぼった					-1.00 ***	-0.18	-0.97 ***	-0.18
学校でタバコ					-0.81 ***	-0.12	-0.82 ***	-0.12
Adjusted R-square	0.122 ***		0.130 ***		0.187 ***		0.206 ***	
N	1582		1582		1582		1582	

(注) *b* は非標準化偏回帰係数、β は標準化偏回帰係数。+ *p* < .1，* *p* < .05，** *p* < .01，*** *p* < .001

されたと言えよう。

　次に、(3) 学校外教育の利用と (4) 子どもの学校での問題行動の仮説について[16]、教育年数を従属変数とした男女別の重回帰分析を行った（表 4-3、表 4-4）。まず、親の学歴によるセレクションを考慮したうえで（モデル 1 参照）、モデル 2 において中学生の時の学校外教育の利用の変数を投入すると、親の学歴による効果を除いた親の離婚経験の効果のうち、男性では約 6.3%［(1.26-1.18) /1.26］、女性では約 1.2%［(0.83-0.82) /0.83］が学校外教育の効果によって説明されている。さらに、モデル 3 において、中学生のときの問題行動の変数を投入すると、親の学歴の効果を除いた親の離婚経験の効果のうち、男性では約 22.2%［(1.26-0.98) /1.26］、女性では約 8.4%［(0.83-0.76) /0.83］が中学生の時の問題行動の経験によって説明されている。

表 4-4 教育年数を従属変数とした重回帰分析（学校外教育、問題行動）（女性）

	従属変数 教育年数（9～18年）							
	モデル1		モデル2		モデル3		モデル4	
	b	β	b	β	b	β	b	β
切片	12.92 ***		12.82 ***		13.02 ***		12.38 ***	
出生コーホート								
（ref.：1966-70）								
1971-75年	0.42 ***	0.10	0.40 ***	0.10	0.42 ***	0.10	0.38 ***	0.09
1976-80年	0.40 ***	0.09	0.36 **	0.08	0.39 **	0.09	0.33 **	0.08
1981-86年	0.50 ***	0.11	0.46 ***	0.11	0.54 ***	0.12	0.47 ***	0.11
親の離婚経験	-0.83 ***	-0.12	-0.82 ***	-0.12	-0.76 ***	-0.11	-0.66 ***	-0.09
親高等教育	1.24 ***	0.32	1.23 ***	0.32	1.22 ***	0.31	1.16 ***	0.30
15歳時暮らし向き							0.19 ***	0.08
中学時の学校外教育			0.22 *	0.06			0.19 *	0.05
中学時の問題行動								
授業をさぼった					-0.67 ***	-0.13	-0.66 ***	-0.13
Adjusted R-square	0.142 ***		0.145 ***		0.159 ***		0.168 ***	
N	1758		1758		1758		1758	

（注）b は非標準化偏回帰係数、$β$ は標準化偏回帰係数。$+ p < .1$, $* p < .05$, $** p < .01$, $*** p < .001$
　　女性では「学校でタバコ」は全体の 2.9% と少数のため、分析から除外した。

　男性では問題行動の変数として二つの変数を用いているため、補足的に分析を行った結果、男性では親の離婚経験の効果は、特に授業をさぼった経験によって説明される割合が高かった[17]。

　しかし、モデル4において、経済的要因の検討に用いた暮らし向きの変数に加え、学校外教育と問題行動の変数を統制してもなお、親の離婚経験の効果は有意なまま残り、親の離婚経験がある場合に男性では約0.8年、女性では約0.7年教育年数が短くなる傾向にあった。以上の結果から、親の離婚経験の教育達成への効果は、男女ともに学校外教育によってはあまり説明されなかったが、中学生の時の問題行動によっては、男性ではその一定部分、女性ではその一部が説明される傾向にあった。仮説に関しては、(2b) 学校外教育の利用の仮説はあまり支持されなかったが、社会化に関連

表 4-5　教育年数を従属変数とした重回帰分析（親の関わり）（男性）

| | 従属変数
教育年数（9 〜 18 年） | | | | | |
| | モデル 1 | | モデル 2 | | モデル 3 | |
	b	β	b	β	b	β
切片	13.51 ***		10.84 ***		10.77 ***	
出生コーホート						
（ref. : 1966-70）						
1971-75 年	0.13	0.03	0.09	0.02	0.04	0.01
1976-80 年	0.22	0.04	0.17	0.03	0.15	0.03
1981-86 年	0.24	0.04	0.20	0.03	0.08	0.01
親の離婚経験	-1.25 ***	-0.14	-0.96 ***	-0.11	-0.57 *	-0.07
親高等教育	1.59 ***	0.33	1.30 ***	0.27	1.15 ***	0.24
15 歳時暮らし向き					0.29 ***	0.10
中学時の学校外教育					0.27 *	0.06
中学時の問題行動						
授業をさぼった					-1.00 ***	-0.17
学校でタバコ					-0.74 ***	-0.10
親の関わり			0.32 ***	0.27	0.25 ***	0.21
Adjusted R-square	0.132 ***		0.197 ***		0.260 ***	
N	1134		1134		1134	

（注）b は非標準化偏回帰係数、β は標準化偏回帰係数。+ p< .1, * p< .05, ** p< .01, *** p< .001

した親の統制の不足に関する仮説として位置づけた、(3) 子どもの学校での問題行動は、女性においては部分的に支持、特に男性において支持という結果が得られた。親の離婚経験者の教育達成における不利が学校外教育によってはあまり説明されなかったことについては、特に女性においては親の離婚経験者においても学校外教育の利用は 50% を超えており、離別世帯における経済的厳しさが必ずしも学校外教育の利用の格差やそれを媒介とした教育達成の格差にはつながっていない可能性が考えられる。データにおいても、親の離婚経験者は中学校卒業時の暮らし向きが貧しい傾向にあることが確認されたが、経済的余裕があまりない世帯であっても、学校外教育については、短期間ではあったとしても家計の中で優先して通わせているということかもしれない。ただし、ここでの学校外教育の利用は、中学生の頃に半年以上通った経験を尋ねており、半年ではなく継続して通

表 4-6　教育年数を従属変数とした重回帰分析（親の関わり）（女性）

	モデル 1		モデル 2		モデル 3	
	\multicolumn{6}{c}{従属変数 教育年数（9 〜 18 年）}					
	b	β	b	β	b	β
切片	12.93 ***		11.20 ***		11.07 ***	
出生コーホート						
（ref.：1966-70）						
1971-75 年	0.45 ***	0.11	0.39 ***	0.10	0.38 **	0.09
1976-80 年	0.36 **	0.08	0.32 *	0.07	0.30 *	0.07
1981-86 年	0.44 ***	0.10	0.40 **	0.09	0.42 **	0.09
親の離婚経験	-0.75 ***	-0.11	-0.55 **	-0.08	-0.43 *	-0.06
親高等教育	1.32 ***	0.34	1.09 ***	0.28	1.06 ***	0.27
15 歳時暮らし向き					0.13 *	0.06
中学時の学校外教育					0.07	0.02
中学時の問題行動						
授業をさぼった					-0.59 ***	-0.12
親の関わり			0.22 ***	0.24	0.19 ***	0.21
Adjusted R-square	0.150 ***		0.202 ***		0.216 ***	
N	1449		1449		1449	

（注）b は非標準化偏回帰係数、β は標準化偏回帰係数。+ $p<$ .1, * $p<$ .05, ** $p<$ .01, *** $p<$ .001
　　　女性では「学校でタバコ」は全体の 2.9% と少数のため、分析から除外した。

　う機会があったかどうかを考慮することで、異なる効果を示す可能性はあるだろう。

　さらに、(4) 勉強や将来に関連した親の関わりの仮説について教育年数を従属変数とした男女別の重回帰分析を行った（表 4-5、表 4-6）。まず、親の学歴によるセレクションを考慮したうえで（モデル 1 参照）、モデル 2 において親の関わりの変数を投入すると、親の学歴による効果を除いた親の離婚経験の効果のうち、男性では約 23.2%［(1.25-0.96)/1.25］、女性では約 26.7%［(0.75-0.55)/0.75］が親の関わりの効果によって説明されている。ただし、モデル 3 において、これまで検討してきた暮らし向き、学校外教育や問題行動の変数に加えて、親の関わりのすべての変数を統制してもなお、親の離婚経験の効果は男女とも有意なまま残った。これらすべての変数を統制してもなお、男性では親の離婚経験がある場合に約 0.6 年、女性では

約 0.4 年教育年数が短くなる傾向にあった。以上の結果から、親の離婚経験の効果は、男女とも親の関わりによって一定の割合が説明される傾向にあり、ペアレンティング仮説のうち、子どもの教育や地位達成への動機づけに関連した親の関わりの仮説として位置づけた、(4) 勉強や将来に関連した親の関わりについては、男女とも支持されたと言える。

　最後に、これまでの仮説とは質的に異なるが、親の離婚経験者の教育達成の不利が成績を媒介する可能性について検討する。まず、教育年数への効果を検討する前に、(5a) 成績を従属変数とした補足的な分析の結果を簡単に確認する（章末の補表 1-1、補表 1-2 参照）。成績に関しては、親の学歴を統制しても男女ともに親の離婚経験者は成績が低い傾向にある。そのような親の離婚経験者の成績の不利は、男女とも主に親の関わり、暮らし向きを媒介としているが、男性では学校外教育の利用によっても一部説明されていた。男性の親の離婚経験者では、学校外教育の利用割合がやや低かったため、学校外教育が親の離婚経験の効果の一部を説明していたと考えられる。また、問題行動による効果についても検討してはいるものの、学校での問題行動がある者において成績が悪い傾向にあるという関連は、双方向的な因果関係である可能性がある [18]。そのため、男性では特に成績の不利の大きな部分を問題行動が説明している可能性も示されたが、この点については因果関係を想定した解釈は保留する。本データの結果から言及できることとしては、親の離婚経験による成績の不利は、男女とも暮らし向きの貧しさ、子どもの教育や地位達成への動機づけにつながりうるような親の関わりの不足によってその一定部分が説明されていたと言える。

　親の離婚経験者は親の学歴を統制しても成績における不利が確認されたが、最後に、本章で検討してきた教育年数に対して、(5b) 成績の効果を検討する（表 4-7、表 4-8）。親の学歴によるセレクションを考慮したうえで（モデル 1 参照）、モデル 2 において中学校 3 年生の時の成績についての変数を投入すると、親の学歴による効果を除いた親の離婚経験の効果のうち、男性では約 23.2%［(1.25-0.96)/1.25］、女性では約 41.3%［(0.75-0.44)/0.75］

が成績の効果によって説明されている。したがって、親の離婚経験者の教育達成の不利の一定部分は男女ともに成績を媒介としており、(5b) 成績による媒介の仮説は支持されたと言えよう。

　しかし、前述の通り、成績に関してはその他の要因が成績に影響を及ぼし、結果的に教育年数に影響を及ぼしている可能性もあるため、その他の要因を統制したうえでも、成績が親の離婚経験者の教育達成における不利を媒介しているのかを確認する。問題行動に関しては、既述の通り、成績との双方向的な因果関係である可能性があるため、モデル3、モデル4において問題行動を含めないモデルにおける成績の媒介を検討し、モデル5、モデル6において問題行動を含めたモデルを検討する。これまで検討してきた暮らし向き、学校外教育、親の関わりの変数を統制したモデル3に対して、モデル4において、中学校3年生の時の成績を投入すると親の離婚経験の係数の値が減少し、親の学歴を考慮した親の離婚経験の効果のうち、男性では約 7.2%［(0.85-0.76)／1.25］、女性では約 22.7%［(0.49-0.32)／0.75］が成績の効果によって説明されている。次いで、参考までに、モデル5およびモデル6において、その他の変数に問題行動の変数を加えて統制した結果についても確認する。モデル6で成績の変数を投入すると、男性の教育年数は問題行動を統制したことで、成績を投入しても親の離婚経験の効果がさらに説明されるということはなかったが、女性では、問題行動を統制したモデルからさらに成績によって親の離婚経験の効果の一部が説明される傾向にあった（親の学歴を統制したうえでの親の離婚経験の効果の約 18.7%［(0.43-0.29)／0.75］）。ただし、これらすべての変数を統制してもなお、モデル6において親の離婚経験の効果は男女とも有意なまま残っており（女性では 10% 水準）、男性では親の離婚経験がある場合に約 0.6 年、女性では約 0.3 年教育年数が短くなる傾向にあった。

　以上の成績に関連した一連の分析結果からは、男女ともに親の離婚経験者の教育達成における不利は、親の学歴によるセレクション、経済的要因、学校外教育の利用、親の関わりを統制したうえでも、親の離婚経験の効果

は子どもの成績を媒介している傾向にあることが確認された。したがって、ひとり親世帯の子どもの学習面での不利を解消するための支援が重要であると考えられる。しかしながら、成績を統制したうえでも親の離婚経験は男女とも有意な効果を示していたため、親の離婚経験者には成績の不利を経由しての効果とは別に、依然として教育達成に不利な効果を有していることを意味する。

2.3.4　教育達成の不利に関する考察

　本章においては、親の離婚経験者の教育達成における不利とその要因について検討した。分析の結果をまとめるならば、親の離婚経験の効果の一部は親の学歴の効果であったが、親の学歴によるセレクション効果を考慮しても、親の離婚経験者は男女とも教育年数が短い傾向にあった。親の学歴によって親の離婚経験の効果が異なるというわけでなかったが、子どもの教育達成に対していずれも独立な効果を有していた。それらの二つの変数を考慮すると、親の学歴が高等教育ではなく、親の離婚経験がある場合に最も教育達成に不利であり、親が高等教育であり、親の離婚を経験していない場合に最も有利な傾向にあった。

　親の離婚経験者の教育達成の不利の媒介要因については、主に勉強や将来に関連した親の関わり、暮らし向き、中学校 3 年生の時の成績を媒介として成立しており、男性ではこのほかに問題行動が媒介要因となっていた。男女ともに子どもの勉強や将来に関連した親の関わり、暮らし向きの媒介効果が確認されたため、ペアレンティング仮説における子どもの教育や地位達成への動機づけに関連した親の関わりの仮説、および経済的剥奪仮説が支持されていることになる。さらに、男性では問題行動による媒介効果も確認され、親の統制仮説と整合的な結果であった。また、日本の先行研究ではひとり親世帯出身者の教育達成の不利の一部は成績を媒介して生じていることが示されているが（稲葉 2008, 2011a; 斉藤裕哉 2018; 斉藤知洋 2014）、本書でも同様の傾向が見られた。そのような親の離婚経験者の成

表 4-7 教育年数を従属変数とした重回帰分析（成績）（男性）

従属変数
教育年数（9〜18年）

	モデル1		モデル2		モデル3		モデル4		モデル5		モデル6	
	b	β	b	β	b	β	b	β	b	β	b	β
切片	13.51 ***		10.59 ***		10.21 ***		9.05 ***		10.77 ***		9.47 ***	
出生コーホート (ref.：1966-70)												
1971-75 年	0.13	0.03	0.26 +	0.05	0.03	0.01	0.18	0.04	0.04	0.01	0.17	0.03
1976-80 年	0.22	0.04	0.27 +	0.05	0.11	0.02	0.20	0.04	0.15	0.03	0.21	0.04
1981-86 年	0.24	0.04	0.37 *	0.06	0.10	0.02	0.26	0.05	0.08	0.01	0.24	0.04
親の離婚経験	-1.25 ***	-0.14	-0.96 ***	-0.11	-0.85 ***	-0.10	-0.76 ***	-0.09	-0.57 *	-0.07	-0.61 **	-0.07
親高等教育	1.59 ***	0.33	1.19 ***	0.24	1.19 ***	0.25	1.00 ***	0.21	1.15 ***	0.24	0.99 ***	0.20
15歳時暮らし向き					0.27 ***	0.09	0.20 **	0.07	0.29 ***	0.10	0.22 **	0.08
中学時の学校外教育					0.22 +	0.05	0.18	0.04	0.27 *	0.06	0.21 +	0.04
中学時の問題行動												
授業をさぼった									-1.00 ***	-0.17	-0.53 ***	-0.09
学校でタバコ									-0.74 ***	-0.10	-0.47 *	-0.07
親の関わり					0.29 ***	0.24	0.14 ***	0.11	0.25 ***	0.21	0.13 ***	0.10
中3成績			0.92 ***	0.49			0.84 ***	0.45			0.77 ***	0.41
Adjusted R-square	0.132 ***		0.362 ***		0.205 ***		0.380 ***		0.260 ***		0.396 ***	
N	1134		1134		1134		1134		1134		1134	

（注）b は非標準化偏回帰係数、β は標準化偏回帰係数。+ $p<.1$, * $p<.05$, ** $p<.01$, *** $p<.001$

表 4-8 教育年数を従属変数とした重回帰分析（成績）（女性）

従属変数 教育年数（9～18年）

	モデル1 b	モデル1 β	モデル2 b	モデル2 β	モデル3 b	モデル3 β	モデル4 b	モデル4 β	モデル5 b	モデル5 β	モデル6 b	モデル6 β
切片	12.93 ***		10.72 ***		10.87 ***		9.77 ***		11.07 ***		9.91 ***	
出生コーホート (ref.：1966-70)												
1971-75 年	0.45 ***	0.11	0.38 ***	0.09	0.37 **	0.09	0.34 **	0.08	0.38 **	0.09	0.34 **	0.08
1976-80 年	0.36 **	0.08	0.42 ***	0.10	0.30 *	0.07	0.38 ***	0.09	0.30 *	0.07	0.37 **	0.09
1981-86 年	0.44 ***	0.10	0.46 ***	0.10	0.37 **	0.08	0.41 ***	0.09	0.42 **	0.09	0.44 ***	0.10
親の離婚経験	-0.75 ***	-0.11	-0.44 **	-0.06	-0.49 **	-0.07	-0.32 *	-0.05	-0.43 *	-0.06	-0.29 +	-0.04
親高等教育	1.32 ***	0.34	1.01 ***	0.26	1.06 ***	0.27	0.89 ***	0.23	1.06 ***	0.27	0.90 ***	0.23
15 歳時暮らし向き					0.13 *	0.06	0.09	0.04	0.13 *	0.06	0.09	0.04
中学時の学校外教育					0.05	0.01	0.05	0.01	0.07	0.02	0.06	0.02
中学時の問題行動												
授業をさぼった									-0.59 ***	-0.12	-0.34 **	-0.07
親の関わり					0.21 ***	0.23	0.11 ***	0.12	0.19 ***	0.21	0.11 ***	0.12
中 3 成績			0.69 ***	0.41			0.63 ***	0.37			0.61 ***	0.36
Adjusted R-square	0.150 ***		0.306 ***		0.204 ***		0.320 ***		0.216 ***		0.324 ***	
N	1449		1449		1449		1449		1449		1449	

（注）b は非標準化偏回帰係数、β は標準化偏回帰係数。+ p<.1、* p<.05、** p<.01、*** p<.001

女性では「学校でタバコ」は全体の 2.9% と少数のため、分析から除外した。

績の不利について補足的に検討したところ、成績の不利は主に親の関わりや暮らし向きを媒介として生じている傾向にあった。親の離婚経験者の教育達成の不利の一部は、成績による媒介効果によって説明されていた一方で、そのような成績の効果を考慮しても、親の離婚経験者は男女ともに教育達成が低い傾向にあることも示された。

　これらの結果を解釈すると、まず、経済的な側面については、親の離婚経験者の成績や教育達成における不利は、定位家族の暮らし向きの貧しさを媒介している側面も見られた。離別世帯では特に社会保障制度によって貧困の問題が十分に解消されていないため、経済的要因による進学格差が存在すると考えられる。データにおいては主に高等教育における進学格差があり[19]、親の離婚経験者の一部は経済的要因によっても高等教育進学を断念している可能性がうかがえる。こうした教育格差を解消するためには、ひとり親世帯に対する経済的支援も重要であるといえよう。しかし、高等教育進学を無償化することによって、貧困世帯の教育達成における格差がすべて解消されるわけではないことも指摘しておきたい。質的研究における事例からは（林明子 2016: 129-31）、きょうだいにお金がかかることや、その分、自分が働いて家にお金を入れる必要があるということを子ども自身が考慮し、そのことが高校に進学しないという選択に関わっているという事例があることがうかがえる。このことから考えると、高等教育への進学にかかる費用に対して支援が受けられたとしても、進学せずに「自分が働いて家にお金を入れる必要がある」という問題を解決することにはならない可能性もある。高等教育に対する経済的支援も重要な一方で、それだけでは教育達成の格差は解決しえない場合もあると考えられる。また、既述のように、親の離婚経験者は進学していたとしても、高校や高等教育の中退経験の割合も高い傾向にあった。該当者が少ないために、詳細な検討はできなかったが、進学における格差だけでなく、中退における不利についても対応していく必要があるだろう。

　また、親の離婚経験者は男女ともに定位家族において、教育における動

機づけにつながるような親の関わりが不足していることが子どもの成績や教育達成の不利につながっていることが示された。親の関わりに用いた変数から考えると、親の離婚後の世帯においては学校や家での勉強に対する親からのサポートが不足しがちであり、学校の成績や将来についての話を親子間であまりしないことによって、子どもが自分の将来に対する期待を認識しづらいことが考えられる。このような教育面における親の関わりの不足は、分析で統制している親の高等教育の有無だけでは考慮できていない親の学歴の差異に基づくものである可能性はある。加えて、先行研究において指摘されているように、ひとり親世帯において職業役割と家族役割との役割過重によって、子どもとの関わりを十分にもつことができていない可能性も考えられる（竹ノ下・裴 2013）。本データでは子どもへの教育や地位達成への動機づけに関連した親の関わりの不足が役割過重によるものかどうかは判別することができないが、今後他のデータによって親の関わりの不足における要因を検討していく必要がある[20]。親の関わりの不足を媒介として生じる教育達成の格差に対しては、親だけではなく、学校や周囲の人々が教育における動機づけに関わっていくことや、親の役割過重を軽減するサポートを提供することが重要であるだろう。男性においては特に問題行動も教育達成の不利を媒介する要因の一つになっていたが、親の統制仮説に関連した下位仮説に位置づけられる問題行動に関しても、学校との連携や、親だけではない周囲の大人による子どもへの働きかけが必要であると考えられる。

　本章においては、親の離婚経験者の教育達成における不利およびそれを生み出す要因について検討してきたが、以下の課題も存在する。第一に、分析に用いたいくつかの変数には限界がある点が挙げられる。前述のように、親の学歴に関しては、親の離婚経験者には欠損値が多く、親のどちらかが高等教育か否か、という変数を用いざるをえなかった。暮らし向きに関しては、自己評価による回答であるとともに、回顧式の項目であり、具体的な世帯の所得などを把握できているわけではない。学校外教育の利用

に関しては、中学生の頃に半年以上通った経験を尋ねているが、中学生の時に半年ではなく継続的に塾に通っていたか否かによっては、異なる結果となる可能性はある。加えて、親の関わりに関して、今回は主に教育や将来への動機づけに関連する親の関わりのみを取りあげたが、教育面だけでなく、より広い親の関わりを変数として用いることも必要だろう。このように、分析においては使用可能な変数に限界もあり、必ずしも定位家族やそこでの経験について十分に把握できているわけではないため、今後他のデータを用いて不足している部分を補う分析をしていく必要があるだろう。第二に、家族構造と子どもの教育達成の不利に関して、これまでの先行研究が提示している全ての仮説を検討することができたわけではない。データの制約により、役割モデルによる仮説やストレスに関する仮説は検討することができなかったが、今後中学生や高校生を対象とした調査データや、親の離婚の時期を含む調査データを用いることで、それらの仮説についても検討することが可能となるだろう。加えて、前述のように、親の離婚経験者に中退経験が多い理由については、本データでは検討することができなかった。親の離婚経験者が進学したとしても中退を経験しやすい原因について [21]、どのような経緯で中退に至っているのか、今後質的な研究も含めて明らかにしていく必要がある。

■注
1）具体的には、再婚世帯、母親とパートナーが同棲している世帯、未婚の母親の世帯、両親ともにいない世帯など、多様な家族への着目もなされている（Astone and McLanahan 1991, 1994; Thomson et al. 1994; Heard 2007; McLanahan 1985 など）。
2）親の統制は、ペアレンティングの一つの変数として検討されることもある（Astone and McLanahan 1991）。
3）「自立した母親」の仮説は、離婚やひとり親の世代間連鎖に関する文脈においては、ひとり親の母親を見て育つことにより、自身もひとり親としてやっていけると考え、ひとり親となりやすいとする見方がなされる。
4）親の学歴・職業、経済状況、中学校が私立であるか否かをコントロールしたモデルにおいては、家族形態の効果は見られていないが、補足的な分析により、家族の社会経済

的地位に関する変数を除いたモデルでは、ひとり親世帯の生徒では成績が低い傾向が見られたとされる（竹ノ下・裴 2013）。

5）親の学歴や暮らし向きの効果は、特に母子世帯における教育達成の不利を説明する傾向にあり、母子世帯と父子世帯の差異も指摘されている（斉藤知洋 2014）。

6）「生みの親なのか、育ての親なのか」を識別できず、再婚した場合にどのように回答しているかは回答者の判断によることになる（稲葉 2011a: 242）こと、離婚した父親と連絡を取り合っている場合など、「父はいなかった」と回答されていない可能性もあること（稲葉 2011a: 242）などが指摘されている。

7）子どもが自分の親の離婚を経験することに着目し、回答者と配偶者の双方の離婚経験を含めることによって、回答者が初婚として離別のひとり親である配偶者と結婚した場合などに対応できる（稲葉 2016）。

8）再婚の変数に関しては、現在の配偶者との結婚年と子どもの出生年の情報を用いることで（稲葉 2016）、子どもが親の再婚を実際に経験しているか否かが判別可能である。

9）東京大学社会科学研究所附属社会調査・データアーカイブ研究センター（2010a, 2010b, 2011a, 2011b, 2012a, 2012b, 2013a, 2014b, 2015a, 2015b, 2016a, 2016b）をもとに算出。

10）全ケースのうち、親の学歴が片方しか回答されていない割合は、親の離婚非経験者では 3.7% とほとんどいないが、親の離婚経験者では 5 分の 1 近く（19.8%）である。

11）ここでのケースは、本章の教育達成に関する最初の分析（親の学歴によるセレクション、経済的剥奪仮説の分析）に用いたケースに合わせている。

12）「あなたが 15 歳だった頃（中学卒業時）、あなたらのお宅の暮らしむきは、この中のどれにあたるでしょうか。当時のふつうの暮らしむきとくらべてお答えください」との質問項目への回答を用いている。

13）文部科学省の「子どもの学校外での学習活動に関する実態調査」においては、学習塾等の利用は中学校 1 年生は 45.1%、2 年生は 50.9%、3 年生は 65.2% であり、中学生では学習塾の利用の割合が高い（文部科学省 2008）。

14）「教師に暴力をふるった」経験も項目としては尋ねられているが、暴力への関わり全般ではなく、「教師への」暴力に限定されており、全体における経験率がかなり低いため、分析には含めることができない。

15）調査票ではその他に「あなたの学校での授業参観や PTA の行事などに参加していた」、「あなたの礼儀作法にきびしかった」、「あなたのことをよく理解していた」という項目も尋ねられているが、前述のように、親の関わりの中でも、子どもの教育や地位達成への動機づけとなるような親の関わりに着目するために、勉強や進路との関連が想定される、「学校の成績への関心」、「勉強への気づかい」、「あなたの将来への期待」の 3 つの変数を使用している。

16）wave2 の学校外教育の利用有無と学校での問題行動（授業をさぼった、学校でタバコを吸った経験）に関するそれぞれのダミー変数を用いる際には、wave2 においてケースが脱落してしまうことによって、分析結果に影響を及ぼす可能性も考えられる。wave2 の脱落による欠損値への対処として、補足的な分析として、wave2 の脱落に関するダミ

一変数を加えた分析を行ったが、親の離婚経験や他の変数による効果に関して結果はほとんど変わらなかった。

17) 補足的に「授業さぼった」と「学校でタバコ」の変数をモデルに別々に投入し、それぞれの変数の効果を検討したところ、親の離婚経験の効果のうち、授業をさぼった経験によって約 20.2%、学校でタバコを吸った経験によって約 11.6% が説明されていた。

18)「学校での問題行動があるために成績が悪いのか」、「成績が悪いために、問題行動があるのか」は簡単には想定することができない。授業をさぼったり、学校でタバコを吸ったりしていることが成績の悪化につながっている可能性もあるが、その一方で、成績が悪く、反学校文化をもっていることによって問題行動を起こして可能性も考えられる。この点については、質的調査によって明らかにするほかなく、本データのみによる解釈はできない。

19) 高校進学については、男性においては親の離婚非経験者では 99.3%、親の離婚経験者では 95.5%、女性ではそれぞれ 99.7%、96.2% であった。高等教育進学については、男性においては親の離婚非経験者では 56.4% と半数を超えているが、親の離婚経験者では 34.7%、女性ではそれぞれ 54.5%、31.9% と、特に親の離婚経験者は高等教育の進学率が低い。

20) なお、親子関係が親の関わりに影響を及ぼしている可能性は考えられるが、本データにおいて使用可能な変数によっては十分に検討することができないという限界がある。変数に限界はあるが、補足的に親との関係における現在の満足度（wave3 時点の「現在」に関する変数であることに注意）、および 15 歳時の家庭の雰囲気について検討してみたところ、親の離婚経験者は親との関係における満足度が有意に低く、15 歳時の家庭の雰囲気を「暖かい雰囲気ではなかった」と回答している傾向にある。しかし、そのような親子関係や家庭の雰囲気がよくない場合に親の関わりが少ないというわけではなかった。

21) 一般的な中退の理由に関しては、高校中退者や高等教育中退者に関する調査からは、学業不振や留年、学校への不適応、人間関係、健康上の理由、経済的な理由や家庭の理由、進路の変更などが挙げられる（内閣府 2011; 労働政策研究・研修機構 2015; 文部科学省 2014）。しかし、中退理由に関しては、主要な理由を挙げていたとしても、複合的な理由による可能性も考えられ、質的な研究の蓄積も求められる。

補表 1-1　成績を従属変数とした重回帰分析（男性）

従属変数
成績（1〜5）

	モデル1 b	β	モデル2 b	β	モデル3 b	β	モデル4 b	β	モデル5 b	β	モデル6 b	β
切片	3.20 ***		2.76 ***		3.10 ***		3.38 ***		1.58 ***		1.70 ***	
出生コーホート (ref : 1966-70)												
1971-75 年	-0.14	-0.05	-0.17 +	-0.06	-0.16	-0.06	-0.13	-0.05	-0.16 +	-0.06	-0.17 +	-0.07
1976-80 年	-0.05	-0.02	-0.08	-0.03	-0.07	-0.02	-0.03	-0.01	-0.08	-0.03	-0.08	-0.03
1981-86 年	-0.14	-0.04	-0.18	-0.06	-0.16	-0.05	-0.14	-0.05	-0.16	-0.05	-0.20 *	-0.07
親の離婚経験	-0.32 *	-0.07	-0.27 *	-0.06	-0.29 *	-0.06	-0.12	-0.03	-0.14	-0.03	0.05	0.01
親高等教育	0.44 ***	0.17	0.38 ***	0.15	0.43 ***	0.17	0.40 ***	0.16	0.27 ***	0.10	0.21 **	0.08
15 歳時暮らし向き			0.16 ***	0.10							0.09 *	0.06
中学時の学校外教育					0.19 *	0.07					0.08	0.03
中学時の問題行動												
授業をさぼった							-0.67 ***	-0.22			-0.61 ***	-0.20
学校でタバコ							-0.42 ***	-0.11			-0.36 ***	-0.09
親の関わり									0.20 ***	0.30	0.16 ***	0.25
Adjusted R-square	0.030 ***		0.039 ***		0.035 ***		0.110 ***		0.114 ***		0.178 ***	
N	1134		1134		1134		1134		1134		1134	

（注）b は非標準化回帰係数、β は標準化偏回帰係数。 + p＜.1, * p＜.05, ** p＜.01, *** p＜.001

補表 1-2　成績を従属変数とした重回帰分析（女性）

	従属変数 成績（1〜5）											
	モデル1		モデル2		モデル3		モデル4		モデル5		モデル6	
	b	β	b	β	b	β	b	β	b	β	b	β
切片	3.19 ***		2.76 ***		3.14 ***		3.27 ***		1.95 ***		1.90 ***	
出生コーホート (ref.: 1966-70)												
1971-75 年	0.11	0.04	0.09	0.04	0.09	0.04	0.11	0.05	0.06	0.03	0.06	0.03
1976-80 年	-0.08	-0.03	-0.10	-0.04	-0.10	-0.04	-0.09	-0.04	-0.11	-0.04	-0.13	-0.05
1981-86 年	-0.02	-0.01	-0.05	-0.02	-0.03	-0.01	0.03	0.01	-0.05	-0.02	-0.03	-0.01
親の離婚経験	-0.45 ***	-0.11	-0.38 ***	-0.09	-0.45 ***	-0.11	-0.39 ***	-0.09	-0.31 **	-0.07	-0.23 *	-0.06
親高等教育	0.46 ***	0.20	0.41 ***	0.18	0.45 ***	0.20	0.45 ***	0.20	0.29 ***	0.13	0.28 ***	0.12
15 歳時暮らし向き			0.15 ***	0.11							0.08 *	0.06
中学時の学校外教育					0.10 +	0.05					0.02	0.01
中学時の問題行動							-0.51 ***	-0.17			-0.41 ***	-0.14
授業をさぼった												
親の関わり									0.16 ***	0.29	0.14 ***	0.26
Adjusted R-square	0.051 ***		0.061 ***		0.053 ***		0.080 ***		0.129 ***		0.149 ***	
N	1449		1449		1449		1449		1449		1449	

（注）b は非標準化偏回帰係数，β は標準化偏回帰係数。 + p＜.1，* p＜.05，** p＜.01，*** p＜.001

第 3 章

親の離婚経験者における
初職の不利と就業の不安定性

3.1　先行研究の知見と問題の所在

3.1.1　家族構造と職業的地位達成

　教育達成の章でも確認してきたように、米国では 1960 年代から家族構造と地位達成との関連が検討されており、早い段階から、ひとり親世帯出身者の教育達成や職業的地位達成における格差が明らかにされてきた（Blau and Duncan, O.［1967］1978; Duncan, B. and Duncan, O. 1969）。さらに、その後の研究の積み重ねにおいては、離死別世帯、再婚世帯などのさまざまな非初婚継続家族に着目がなされるとともに、そうした世帯出身者の成人期における不利についても明らかにされている。ひとり親世帯出身者や親の離婚を経験した者は、二人親世帯出身者に比べ、教育達成だけでなく、その後の初職や現職の職業的地位、成人期の所得や経済状況などにおいても不利な傾向にあることが指摘されている（Amato and Keith, B. 1991; Biblarz and Raftery 1993; Sun and Li 2008; Greenberg and Wolf 1982; Amato and Booth 1997 など）。さらに、そのような不利が生じる主要な原因としては、出身階層や定位家族の経済的状況[1]による効果、教育達成の低さを媒介していることが明らかになっている[2]（Mueller, D. and Cooper 1986; Biblarz and Raftery 1999; Blau and Duncan, O.［1967］1978; Amato and Keith, B. 1991）。他方で、ひとり親世帯で育つことが職業的地位達成や所得などに与える直接的な効果は小さいとする研究もあり、実際には教育達成を媒介とし

た効果によるものであることが指摘されることもある（Blau and Duncan, O. [1967] 1978; Krein 1986）。しかし、出身階層や定位家族の経済的状況の影響、本人自身の教育達成を考慮してもなお、定位家族の家族構造が職業的地位達成に与える効果の一部は残ることが示されている（Mueller, D. and Cooper 1986; Biblarz and Raftery 1993; Amato and Keith, B. 1991）。

　加えて、米国の家族研究においては、離婚によるひとり親世帯、未婚の母親の世帯、再婚世帯などのさまざまな非初婚継続家族の増加に伴って、親の不在やひとり親世帯の内部における格差にも着目がなされている。本書との関連において、米国の先行研究では、死別よりも離別の方が教育達成や職業的地位達成、成人期の所得や資産、経済状況における不利が大きいことが明らかになっており（Biblarz and Gottainer 2000; Amato and Keith, B. 1991）、同じひとり親世帯や母子世帯であっても、離別か死別かによって状況は大きく異なることがわかる。直接的な効果が検討されているわけではないが、そのような離別世帯と死別世帯における差異の背景として、死別母子世帯に比べて、離別母子世帯の母親は、就労している割合は高いものの、職業的地位が低く、賃金が低い職に就いていることが指摘されている（Amato and Keith, B. 1991）。さらに、先行研究では、ひとり親世帯や母子世帯だけでなく、父子世帯や再婚世帯出身者においても、教育達成や職業的地位達成が低いことが明らかになっている（Biblarz and Raftery 1999; Biblarz and Gottainer 2000）。また、性別や人種による差異もあるものの、婚外子などの父親と一度も同居したことがない母子世帯出身者や、その他の特殊な理由[3]によって親と離れて暮らしている者においても、教育達成や職業的地位達成が低いことも示されている（Amato and Keith, B. 1991）。

　以上のように、子どもの教育面における格差の研究ほど多くの積み重ねはないものの、定位家族の家族構造と職業的地位達成における格差との関連は1960年代という早い段階から指摘されている。さらに、死別よりも離別において教育達成や職業的地位達成の不利が大きいことも指摘されている。

3.1.2　日本における早期父不在者の職業的地位達成

　日本の社会階層や地位達成に関する研究においては、これまで出身階層と本人自身の地位達成との関連について、世代間移動研究をはじめとした多くの研究が積み重ねられてきた（原・盛山 1999; 鹿又 2001; 石田 2008; 佐藤嘉倫・吉田 2007 など）。そのような中で、主にきょうだい数や出生順位が教育達成に与える影響という形で、地位達成の研究においても家族という視点がとられてきた[4]（近藤 1996; 平沢 2004, 2011; 藤原翔 2012; 荒牧・平沢 2016 など）。従来の階層研究においては、そのような一部の家族の視点はあったものの、ひとり親世帯などの非初婚継続家族における地位達成については十分に扱われてこなかった。そのような背景として、15 歳時の父親の職業を用いた出身階層によって地位達成への影響を検討してきたために、15 歳時に父親が不在であった者や父親が無職であった者は欠損値として分析から除外されることが多かったことが挙げられる（三輪 2005, 2008a; 余田・林雄亮 2010）。

　このように、日本ではひとり親世帯出身者の職業的地位達成を扱った研究は非常に限られているが、以下ではそれらの知見を整理する。従来の階層研究において扱われてこなかった 15 歳時に父親が不在または無職であった層に着目した研究として、三輪哲による研究がある（三輪 2005, 2008a）。三輪は JGSS-2000 〜 2002 年の合併データおよび 2002 年データを用いた分析によって、早期（15 歳時）父不在・父無職の者は、教育達成、初職の地位達成に不利が見られることを明らかにした。初職の地位達成に関しては、早期父不在・父無職の者は、初職が非正規雇用になりやすく、そのような初職における不利は本人の教育達成の不利を媒介としていることが示されている（三輪 2008a）。三輪（2005, 2008a）の分析においては、従来の階層研究において扱われてこなかった層に着目しているため、早期父不在者と父親が無職であった者が同じカテゴリーとして分析されている。そのため、本書の関心とはやや異なるが、早期父不在者の地位達成を検討した数少ない研究の一つであると言える。

その後の研究においては、父親が無職であった者と同じ層としてではなく、母子世帯出身者として、早期父不在者の職業的地位達成が着目されるようになった。SSM 調査データの 1975 年、1985 年、2005 年の合併データ、および 2015 年データを用いた分析によって、早期父不在者の男性は、初職において専門・大企業ホワイトカラーになりにくい傾向にあり、そのような格差は教育達成を媒介としていることが示されている（余田・林雄亮 2010; 斉藤知洋 2018b）。また、斉藤知洋（2018b）においては、近年のコーホートでは、早期父不在者の男性は初職だけでなく、現職、30 歳時職業においても、専門・大企業ホワイトカラーとなりにくい傾向が示されている（斉藤知洋 2018b）。

　以上のように、日本における研究は限られているが、早期に父親がいなかった男性は職業的地位達成に格差があり、そのような格差は本人の教育達成を媒介としていることが明らかになっている。しかし、これらの早期父不在者の職業的地位達成に着目した研究は、主に以下の二つの問題をかかえている。第一に、貧困・低所得につながりやすいような、初職の不利およびその後の就業における不安定性については十分に扱われてこなかった。これらの研究では、地位達成における格差という視点をとってきたために、主に初職やその後の職業における専門・大企業ホワイトカラーへの到達に着目した分析がなされている。記述的な分析では早期父不在者は非正規雇用の割合が高いことも示されており（斉藤知洋 2018b）、非正規雇用などの不安定な職に就きやすく、その後も職業的地位達成における不利を経験しやすい可能性が考えられる。さらに、ライフコース上の貧困・低所得という問題においては、初職の不利に加え、その後の失業や転職などの就業の不安定性を経験しやすい可能性についても明らかにする必要がある。

　第二に、これまでの先行研究は、15 歳時の父親の職業に対する回答において、「父はいなかった」と回答している、早期父不在に着目してきた。早期父不在という変数は、死別を含んでいるため、特に親の離婚経験者に着目した地位達成における不利は明らかにされていない。また、データの

制約により、親の離婚を経験しているケースの一部を把握することができていない可能性があり、親の離婚経験者の不利を扱う際には正確さを欠いていると言える（2.2.1 先行研究におけるデータの制約を参照）。以上の理由から、本書においては、より厳密に親の離婚経験者に着目するとともに、初職の不利とその後の就業の不安定性について検討する。

3.1.3　非正規雇用および就業の不安定性と貧困・低所得

　先行研究におけるひとり親世帯出身者の職業的地位達成に関する知見を整理してきたが、本書は、特に貧困・低所得の再生産という視点から、親の離婚経験者のライフコースにおける不利を明らかにすることを目的としているため、職業的地位達成においても、貧困・低所得につながりうるアウトカムに着目する必要がある。本章では特に親の離婚経験者の初職が非正規雇用となりやすく、その後失業や転職を経験しやすい可能性を検討するが、そのような親の離婚経験者の初職の不利と就業における不安定性を扱うことの意義について確認する。

　前述のように、日本におけるひとり親世帯出身者の職業的地位達成に関する研究はかなり限られているが、早期父不在者や父無職者の分析結果と整合的な結果であれば、親の離婚経験者も初職における不利を経験している可能性がある。先行研究では地位達成という観点から、主に専門・大企業ホワイトカラーへの到達に着目して分析が行われていた。他方で、本書では、親の離婚経験者の初職が非正規雇用となりやすい可能性について検討する。近年、非正規雇用者が増加しているなかで、主にフリーター研究において、若年層の非正規雇用者と低学歴との関連が指摘されてきた（小杉 2002; 太郎丸 2006 など）。2 章でも確認してきたように、親の離婚経験者は本データにおいても教育達成における不利を経験しやすく、そのような意味では、非正規雇用での就労を経験しやすい可能性がある。

　それでは、初職が非正規雇用であることは、貧困・低所得という観点からはどのような意味をもつのだろうか。非正規雇用での就労は、その時点

での一時的な低所得との関連が強いというだけではない。先行研究では、初職が非正規雇用であることは、男女ともに現職を経由して、現在の低所得につながっていることが明らかになっている（林雄亮 2017）。初職における非正規雇用での就労に着目するということは、学卒後時点だけでの一時的な低所得のリスクや不安定就労というだけでなく、現職を媒介としてその後の低所得状態にもつながりうるという意味でも重要である。加えて、非正規雇用で就労することはその後の就労にも影響を与えうる。先行研究では、男女ともに初職が非正規雇用であった者は、現職が非正規雇用となりやすいことが明らかになっている（佐藤香 2011; 石田 2005）。さらに、非正規雇用から正規雇用への移行も困難であることが指摘されており（中澤 2011）、初職が非正規雇用であることはその後の職業における不利にも影響を与えうる。以上の理由から、本書においては、初職が非正規雇用であることに着目する。

　他方で、定位家族の家族構造と職業的地位達成の不利に関する先行研究においては、これまで主に初職や現職の職業威信、職業階層、所得などが検討されてきた。しかし、格差の再生産、貧困・低所得について考える際には、継続して就労していることを前提とした、初職やある時点での職業だけでなく、失業や転職も含めた就業の不安定性にも着目する必要がある。米国の先行研究の中には、ひとり親世帯出身者と無業との関連を示す研究もあり（McLanahan and Sandefur 1994; Mueller, D. and Cooper 1986）、ひとり親世帯で育つことが仕事を見つけることや仕事を続けることのチャンスに影響を及ぼしている可能性が指摘されている（McLanahan and Sandefur 1994）。加えて、ひとり親世帯出身者の所得の低さの一部は、転職という就業の不安定性によることが指摘されている（Crain and Weisman 1972）。ひとり親世帯出身者は転職をしていることによって、二人親世帯出身者よりも低所得な状態にあることが指摘されているが（Crain and Weisman 1972）、日本においても、そのような初職に限らない就業の不安定性について検討する必要があるだろう。日本の先行研究では、失業したことがあ

るという経験は、現在の世帯の貧困やさまざまな側面における社会的排除[5]との関連があることが指摘されており（森山 2012; 阿部 2007）、貧困や低所得との関連が想定される。また、転職については、転職が所得に与えるマイナスの効果も示されており（吉田 2008）、転職は仕事を変わるという意味だけでなく、転職を重ねることが所得の低下につながるという意味でも、職業をめぐる不安定性との関連がある。以上のような理由から、本書においては、親の離婚経験者の初職が非正規雇用になりやすい可能性に加えて、失業および転職にも着目し、就業の不安定性を経験しやすい可能性について検討する。

3.2　分析と考察

3.2.1　仮説と分析方法

　本章では、親の離婚経験者の初職の不利および就業の不安定性に関する以下の (1) 〜 (4) の仮説を検証する。前述のように、先行研究では主に早期父不在者の専門・大企業ホワイトカラーへの到達における不利が検討されてきた。その一方で、貧困・低所得の再生産の問題をとらえるためには、特にライフコース上の貧困・低所得と関連しうる初職の不利に着目する必要がある。本章では、まず、(1) 親の離婚経験者は初職の不利として非正規雇用を経験しやすい可能性を検討する。これまで確認してきたように、初職が非正規雇用である場合には、その後も非正規雇用となりやすく（佐藤香 2011; 石田 2005; 中澤 2011）、現職を経由して低所得につながっていることが明らかにされている（林雄亮 2017）。そのため、親の離婚経験者が初職において非正規職を経験しやすいとすれば、初職だけでなく、その後の低所得状態にもつながっている可能性がある。

　加えて、米国の先行研究、日本の先行研究の双方において、出身家庭の家族構造と職業的地位達成の格差との関連は、教育達成の不利を媒介としていることが示されている。本書においても、(2) 親の離婚経験者の初職

における不利を教育達成が媒介している可能性を確認する。その際に、非正規雇用に関する先行研究では、低学歴の者だけでなく、中退者においても非正規雇用を経験している割合が高いことが示されているため（小杉2002）、最終学歴だけでなく、補足的な分析として中退を考慮した分析も行う。親の離婚経験者の初職の不利が教育達成を媒介としている場合には、教育達成の不利を解消させることは、その後のライフコース上の貧困・低所得の問題においても重要であることを意味する。

　これら2つの初職に関する仮説に加えて、日本の早期父不在者を扱った先行研究においては検討されておらず、また、欧米の先行研究においても主要な仮説ではないが、親の離婚経験者が就業における不安定性を経験しやすいという仮説を検証する。具体的には、本書においては、(3) 親の離婚経験者が失業、転職を経験しやすい可能性を検討する。確認してきたように、米国の先行研究では、家族構造の不利と失業、転職などの就業における不安定性との関連が示されることもある（McLanahan and Sandefur 1994; Mueller, D. and Cooper 1986; Crain and Weisman 1972）。また、ひとり親世帯出身者の所得の低さの一部は、そのような就業の不安定性によることが指摘されている（Crain and Weisman 1972）。そのため、親の離婚経験者における貧困・低所得の再生産の問題について考える際には、初職だけでなく、その後の就業における不安定性についても検討する必要がある。前述のように、日本の先行研究においても、失業経験が貧困・低所得のリスクと関連することのみならず、転職が所得の低下に影響を及ぼすことも示されている（森山2012; 阿部2007; 吉田2008）。親の離婚経験者が就業の不安定性を経験しやすいとすれば、貧困・低所得のリスクとも関連しうることを意味する。最後に、親の離婚経験者が失業や転職を経験しやすい可能性に加えて、そのような親の離婚経験者における就業の不安定性を生み出す要因として、(4) 教育達成および初職の不利が媒介している可能性を検討する。親の離婚経験者の就業の不安定性が教育達成と初職の不利を媒介としている場合には、親の離婚経験者の教育達成の不利および学卒後の初職

の不利を解消させることは、その後の貧困・低所得の問題においても重要であるということを意味する。

　地位達成という観点からは、初職や失業・転職の経験だけでなく、代表職における職業的地位達成を検討することも必要と考えられる。しかし、本章で使用する「働き方とライフスタイルの変化に関する全国調査（JLPS）」データにおいては、調査対象者に若年層と壮年層を含み、年齢に幅があることに加え、パネル調査ではあるが、現時点ではまだ対象者の長期間の職歴を追うことができるわけではないことにより、現職や代表職等を検討することは難しい。データには、親の離婚を経験しているか否か、さらに本人自身の学校での経験や教育達成、初職や失業・転職の経験、結婚や離婚に関する情報が含まれている一方で、職業に関しては、若いコーホートも含まれているために初職を経験していないケースが存在するという限界もある。そのような初職を経験していないケースは分析に含めることができないこと、また転職や失業に関しても、比較的若く、働いている期間が短い対象者に関しては、転職・失業の経験が低く推定される可能性がある。このような限界に対応するために、転職・失業の経験については、イベントヒストリー分析を行うことも考えられるが、転職・失業の経験はwave1時点でのそれぞれの経験有無であるため、転職と失業の時期についての情報は得られない。そのため、イベントヒストリー分析を行うことはできず、若い層で転職・失業の経験が低く推定される可能性があるという限界は残る。

　そのような限界はあるものの、以上の4つの仮説の検証を行うにあたり、既存のデータの中では本データを利用することが最適であると判断した。分析方法については、以下の通りとする。まず、親の離婚を経験することが初職の不利に与える影響を明らかにするために、初職非正規雇用のダミー変数を従属変数とした、二項ロジスティック回帰分析を行う。その際に、教育達成における分析と同様に、出生コーホートを統制するが、男女によって親の離婚経験の効果やメカニズムが異なる可能性も考慮し、男女を分

けて分析を行う。加えて、初職における不利を教育達成が媒介している可能性を検討するために、学歴に関するカテゴリカル変数の効果を検討する。初職非正規雇用の分析においては、前述のように、中退している場合には前の段階の学歴とした、最終学歴（中卒、高卒・専門卒、高等教育卒）によるモデルに加え、補足的に中退の効果を検討するために、中退の変数を含む学歴（高校非進学、高校中退、高卒・専門卒、高等教育中退、高等教育卒）によるモデルについても検討する。

　就業の不安定性についての分析では、それぞれ wave1 時点までの失業と転職の経験に関するダミー変数を従属変数とした、二項ロジスティック回帰分析を行う。その際に、教育達成と初職における不利の媒介効果について、最終学歴および初職非正規雇用のダミー変数を用いて検討する。失業経験、転職経験に関する分析においては、未婚か既婚かによっても、失業や転職の経験が異なることが考えられるため、モデルにおいては既婚（wave1 までに結婚経験がある場合）[6] を 1 とするダミー変数を統制変数に加える。また、補足的に既婚ダミーと各変数との交互作用項を用いた分析結果、および未婚・既婚別の分析結果についても確認を行う。なお、分析に用いる主な変数の詳細については以下の通りである（表5-1）。

　本章で分析に用いるデータはパネル調査データではあるが、本章の分析では主に wave1 で尋ねられている項目を用いており、回答者の学歴に関する変数および既婚のダミー変数についてのみ、wave2 以降の回答を補助的に用いている。学歴と既婚ダミーの変数は、wave1 の回答が欠損値であり、wave2 以降の回答を用いた場合に学歴や中退有無、wave1 時点の結婚経験の有無が判別可能である場合に、wave2 以降の情報を用いている。本章で従属変数として用いている、初職非正規雇用、失業経験、転職経験については、wave1 の項目を用いている。つまり、失業経験・転職経験は wave1 時点までの経験の有無に関する項目であり、データの制約により、その理由や時期を把握することはできない。この点については、特に既婚女性の失業経験・転職経験の分析において課題となる点であ

表5-1 職業の分析に用いる変数

親の離婚経験	wave1 時点までの「親が離婚した」経験。
初職非正規	wave1 で尋ねている、学卒後の初職が「パート・アルバイト・契約・臨時・嘱託」、「派遣社員」、「請負社員」、「内職」の場合に初職非正規雇用を1とするダミー変数。無職や学生であるために仕事に就いたことがなく、項目が非該当となっている場合、「最後に通った学校」に「在学中」と回答している場合、無回答の場合には、欠損値とした。
失業経験	wave1 時点までの「失業した」経験有無のダミー変数。
転職経験	wave1 時点までの「転職した」経験有無のダミー変数。
出生コーホート	出生コーホートは、1966-70 年、1971-75 年、1976-80 年、1981-85 年。基準カテゴリーは 1966-70 年。
親高等教育	父母どちらかの最後に通った学校が短大・高専以上。
回答者の学歴（最終学歴）	最終学歴について、中学卒、高卒・専門卒、高等教育（短大・高専以上）卒の3カテゴリーとした。退学を考慮し、退学している場合は前の段階の学歴とした。基準カテゴリーは高卒・専門卒。
回答者の学歴（中退変数を含む）	高校非進学および中退を考慮し、中学卒業後に高校に進学していない場合を高校非進学、高校を中退している場合を高校中退、高校・専門学校を卒業している場合を高卒・専門卒、短大・高専・大学を中退している場合を高等教育中退、短大・高専・大学・大学院を卒業している場合を高等教育卒とした。基準カテゴリーは高卒・専門卒。
既婚	wave1 時点までの結婚経験がある場合に、1とするダミー変数。

り、結婚や離婚、出産や育児との前後関係に基づいた解釈をすることはできない。男性全体、女性全体の分析では既婚のダミー変数を統制変数として用いるとともに、補足的に未婚者と既婚者を分けた分析結果についても確認することで対応するが、女性における一般的な転職や失業をもたらす要因についての分析ではないことには留意が必要である。特に失業経験と転職経験に関しては、記述的な分析や補足的分析により、親の離婚経験者はそうでない者に比べ、転職経験や失業経験をしやすいかという点に着目し、分析・解釈を行う。

3.2.2　記述的分析

本節では、まず主要な変数である学歴の記述統計量および二変量による記述的分析の結果を確認する。前述のように、初職非正規雇用の分析にお

いては、最終学歴を用いた分析に加えて、補足的に中退に関する変数を用いた分析も行う（変数の詳細は表5-1を参照）。分析に用いるケース数および学歴の操作化が1章とはやや異なるため、改めて回答者の学歴の記述統計量を見てみる（表5-2）。1章の教育達成に関する分析においても示された傾向ではあるが、親の離婚経験者は男女ともに学歴が低い傾向にある。また、中学卒の者、高校へ非進学の者、高校中退者や高等教育中退者はそれぞれ全体に占める割合はかなり低いものの、いずれにおいても親の離婚経験者のほうがそうでない者に比べてそれらの数値が高いことがわかる。

　初職非正規雇用においてのみ、中退を含めた学歴を併せて使用するにあたって、補足的に最終学歴別、および中退を含む学歴別の初職非正規雇用の割合を確認する（表5-3、表5-4）。まず、最終学歴別では、男女とも最終学歴が中学卒である場合に、初職が非正規雇用である割合が最も高く、次いで高校・専門学校卒となり、高等教育卒では最も割合が低い。次に、高校非進学や中退者の該当ケースが少ないという限界はあるが、中退を含めた学歴別に見ると、男性の高校非進学者は中退者ほど非初職非正規雇用の割合は高くないものの、男女ともに高校非進学、高校中退、高等教育中退において初職非正規雇用の割合が高いことが確認できる。高等教育中退の場合には最終学歴では高卒・専門卒に分類されることとなるが、高卒・専門卒は初職非正規雇用の割合が低く、高等教育中退とは傾向に差異が見られるため、初職非正規雇用について検討する際には、中退者を卒業した者や前の段階の学歴の者と分ける必要があると考えられる。

　次に、記述的分析の結果から、親の離婚経験有無別にみた初職非正規雇用、失業経験、転職経験の割合について確認する。まず、学卒後に仕事に就いたことがある者のうち、男性では全体の15.4％、女性では全体の20.9％が初職で非正規雇用の職に就いている。親の離婚経験の有無別に見てみると（表5-5）、男性では親の離婚経験がない群では初職が非正規雇用である割合は14.8％であるのに対し、親の離婚経験がある群では21.1％（$p<.05$）、女性ではそれぞれ20.3％、27.1％（$p<.1$）と、親の離婚経験があ

表 5-2　親の離婚経験有無別の学歴に関する記述統計量

		全体	親の離婚なし	親の離婚あり	χ^2 値
男性　最終学歴					
	中卒	4.2% (70)	3.5% (53)	12.0% (17)	43.41 ***
	高卒・専門卒	47.3% (783)	46.0% (696)	61.3% (87)	
	高等教育卒	48.4% (801)	50.5% (763)	26.8% (38)	
中退を含む学歴					
	高校非進学	1.6% (27)	1.3% (19)	5.6% (8)	
	高校中退	2.6% (43)	2.2% (34)	6.3% (9)	
	高卒・専門卒	44.1% (730)	42.9% (649)	57.0% (81)	
	高等教育中退	3.2% (53)	3.1% (47)	4.2% (6)	
	高等教育卒	48.4% (801)	50.5% (763)	26.8% (38)	
N		1654	1512	142	
女性　最終学歴					
	中卒	1.5% (27)	1.1% (18)	6.3% (9)	50.17 *** (a)
	高卒・専門卒	48.7% (877)	47.1% (781)	66.7% (96)	
	高等教育卒	79.8% (897)	51.8% (858)	27.1% (39)	
中退を含む学歴					
	高校非進学	0.5% (9)	0.3% (5)	2.8% (4)	
	高校中退	1.0% (18)	0.8% (13)	3.5% (5)	
	高卒・専門卒	47.1% (849)	45.9% (761)	61.1% (88)	
	高等教育中退	1.6% (28)	1.2% (20)	5.6% (8)	
	高等教育卒	49.8% (897)	51.8% (858)	27.1% (39)	
N		1801	1657	144	

(注)%下の括弧内はn。　+ $p<.1$，*$p<.05$，**$p<.01$，***$p<.001$　(a)1セル期待度数5未満のため参考値。
中退を含む学歴は期待度数5未満のセルが3セルあるため、χ^2値は算出していない.

る者において初職が非正規雇用である割合が高いことがわかる。学生およ
び学卒後に継続して無職で職に就いたことがない者は、初職の回答がない
ために分析に含めることができていないものの、親の離婚経験者は学卒後
の初職に不利が見られることが確認された。

　加えて、親の離婚経験者は就業における不安定性を経験しやすい傾向に
あるのか、親の離婚経験の有無別の失業経験、転職経験について、クロス
集計の結果を確認すると（表5-6）、未婚・既婚の男性、および未婚の女性
については同じような結果が得られたが[7]、既婚の女性においては親の離
婚経験による有意な差は見られなかった。前述のようにデータの制約によ
り失業・転職と結婚や出産との前後関係はわからないが、既婚女性におい
ては親の離婚経験という定位家族における経験ではなく、その後の自身の
生殖家族における状況が失業経験や転職経験に影響を与えている可能性が
考えられる。この点については、後の多変量解析において、未婚女性と既

表 5-3　最終学歴別の初職非正規雇用の割合

	全　体	中　卒	高卒・専門卒	高等教育卒
男性	15.4% (254)	42.9% (30)	17.0% (133)	11.4% (91)
N	1654	70	783	801
女性	20.9% (376)	66.7% (18)	21.2% (186)	19.2% (172)
N	1801	27	877	897

（注）％下の括弧内は n。

表 5-4　中退を含む学歴別の初職非正規雇用の割合

	高校非進学	高校中退	高卒・専門卒	高等教育中退	高等教育卒
男性	25.9% (7)	53.5% (23)	15.3% (112)	39.6% (21)	11.4% (91)
N	27	43	730	53	801
女性	66.7% (6)	66.7% (12)	20.1% (171)	53.6% (15)	19.2% (172)
N	9	18	849	28	897

（注）％下の括弧内は n。

表 5-5　親の離婚経験有無別の初職非正規雇用に関する記述的分析

		全体	親の離婚なし	親の離婚あり	χ^2 値
男性	初職非正規	15.4% (254)	14.8% (224)	21.1% (30)	3.98 *
N		1654	1512	142	
女性	初職非正規	20.9% (376)	20.3% (337)	27.1% (39)	3.65 +
N		1801	1657	144	

(注) % 下の括弧内は n。　　+ $p< .1$, * $p< .05$, ** $p< .01$, *** $p< .001$

表 5-6　親の離婚経験有無別の失業経験・転職経験に関する記述的分析

		全体	親の離婚なし	親の離婚あり	χ^2 値
未婚男性	失業経験	17.9% (143)	17.0% (126)	29.8% (17)	5.94 *
	転職経験	41.9% (335)	40.6% (301)	59.6% (34)	7.92 **
N		799	742	57	
既婚男性	失業経験	13.5% (115)	11.9% (92)	27.1% (23)	15.02 ***
	転職経験	44.1% (377)	42.9% (330)	55.3% (47)	4.80 *
N		855	770	85	
未婚女性	失業経験	19.3% (148)	18.5% (132)	30.8% (16)	4.69 *
	転職経験	43.9% (336)	42.9% (306)	57.7% (30)	4.33 *
N		766	714	52	
既婚女性	失業経験	11.6% (120)	11.2% (106)	15.2% (14)	1.29
	転職経験	45.6% (472)	45.4% (428)	47.8% (44)	0.20
N		1035	943	92	

(注) % 下の括弧内は n、　+ $p< .1$, * $p< .05$, ** $p< .01$, *** $p< .001$

婚女性を分けた補足的な分析結果から言及を試みる。失業経験、転職経験に関するクロス集計の結果からは、未婚・既婚の男性、未婚の女性においては、親の離婚経験者は非経験者に比べて、失業経験、転職経験がある者の割合がそれぞれ高い傾向にあることが示された。

3.2.3　初職の不利と就業の不安定性に関する分析

　前項では、親の離婚経験者における初職の不利および就業の不安定性に関して、記述統計量およびクロス集計の結果を確認してきたが、本項では多変量解析の結果より、以下の4つの仮説を検証する。まず、初職に関しては、(1) 親の離婚経験者における初職の不利、(2) 教育達成によるその媒介効果について検討し、就業の不安定性に関しては、(3) 親の離婚経験者における失業、転職の経験しやすさ、失業経験・転職経験における (4) 教育達成および初職の不利によるその媒介効果、という4つの仮説を検討する。

　まず、初職非正規雇用を従属変数とした二項ロジスティック回帰分析の結果（表6-1、表6-2）、男女ともモデル1において親の離婚経験の有意な効果が見られた（女性では10%水準）。親の離婚経験者は男女ともに、初職において非正規雇用の職に就きやすい傾向にあり（男性ではオッズ比が約1.6倍、女性では約1.4倍）、親の離婚経験者における初職の不利という (1) の仮説については支持された。また、補足的に親の学歴[8]と親の離婚経験との交互作用項を検討したが、顕著な交互作用効果は見られなかった[9]。

　次に、前述のように初職非正規雇用の分析に関しては、最終学歴による分析（モデル2）と中退を含む学歴による補足的な分析（モデル3）の両方のモデルを検討する。まず、モデル2の最終学歴による分析結果を見てみると、男女ともに高卒・専門卒に比べて、中学卒では非正規雇用になりやすく、高等教育卒では非正規雇用になりにくい有意な効果が確認された。親の離婚経験の変数については、男女ともモデル2で学歴を統制することで、有意差が見られなくなっている（男性では $b=0.440^*$ → $b=0.202$ *n.s.*、女性

では $b=0.363+ \rightarrow b=0.187$ *n.s.*）。したがって、親の離婚経験者が初職において非正規雇用の職に就きやすいことは、学歴の効果を媒介していると考えられ、(2) 教育達成による媒介効果についての仮説と整合的な結果が得られた。

　加えて、補足的にモデル3において、中退を含む学歴を用いた結果についても検討を行った。モデル2において最終学歴として中学卒に分類されていたケースには、中学校卒業後に高校に進学していない高校非進学、高校中退の両方が含まれている。また、モデル2において高卒・専門卒に分類されていたケースには高等教育中退も含まれている。高校非進学や中退に該当するケースが少ないという限界があるため、大まかな傾向のみを確認すると、男女ともに高卒・専門卒を基準とした場合に、高校非進学や高校中退であることの効果だけでなく、高等教育を中退していることの効果も確認された。すなわち、高校を卒業して高等教育に進学していない場合に比べ、高等教育に進学していても中退している場合には、初職が非正規雇用になりやすい傾向にあることが示された[10]。モデル3における男女差および親の離婚経験の係数については、女性の中退を含めた学歴によるモデル3の親の離婚経験の係数はやや減少しているものの、特に女性の高校非進学および高校中退の該当ケースが少ないという問題もある。そのため、親の離婚経験者における初職非正規雇用のなりやすさの一部が中退によるものであるのか否かについては、解釈を保留する。また、補足的に男女合わせたモデルにおいて、初職非正規雇用への学歴や中退の効果が男女によって異なるか、性別と学歴との交互作用項を検討したが、そのような効果は確認されなかった。

　初職については、親の離婚経験者は男女ともに、教育達成の低さを媒介して非正規雇用の職に就きやすいことが示されたが、次に、就業の不安定性について、失業経験と転職経験を検討する。前述の通り、失業経験と転職経験の分析においては、男性全体、女性全体の分析では既婚のダミー変数を統制変数として用いた分析を行い、補足的に未婚・既婚に分けた分析結果についても確認していく。まず、失業経験については、失業経験

表 6-1　男性の初職非正規雇用を従属変数とした二項ロジスティック回帰分析

	モデル 1			モデル 2			モデル 3		
	b	Exp(b)	SE	b	Exp(b)	SE	b	Exp(b)	SE
定数	-2.481 ***	0.084	0.178	-2.401 ***	0.091	0.192	-2.488 ***	0.083	0.196
出生コーホート (ref：1966-70)									
1971-75 年	0.500 *	1.648	0.215	0.506 *	1.658	0.218	0.507 *	1.661	0.219
1976-80 年	0.787 ***	2.197	0.218	0.859 ***	2.360	0.222	0.863 ***	2.370	0.223
1981-86 年	1.521 ***	4.575	0.219	1.453 ***	4.275	0.223	1.425 ***	4.158	0.225
親高等教育	0.126	1.134	0.147	0.349 *	1.417	0.157	0.259	1.295	0.160
親の離婚経験	0.440 *	1.552	0.224	0.202	1.223	0.232	0.221	1.247	0.235
最終学歴 (ref：高卒・専門卒)									
中学卒				1.343 ***	3.830	0.274			
高等教育卒				-0.510 **	0.600	0.157			
中退を含む学歴 (ref：高卒・専門卒)									
高校非進学							0.895 +	2.447	0.468
高校中退							1.746 ***	5.733	0.337
高等教育中退							1.176 ***	3.240	0.315
高等教育卒							-0.374 *	0.688	0.162
-2 Log Likelihood	1356.5			1316.3			1300.9		
χ2(df)	62.1(5) ***			102.4(7) ***			117.7(9) ***		
Nagelkerke R-square	0.064			0.104			0.119		
N	1654			1654			1654		

(注) + p < .1, * p < .05, ** p < .01, *** p < .001

表 6-2 女性の初職非正規雇用を従属変数とした二項ロジスティック回帰分析

	モデル 1			モデル 2			モデル 3		
	b	Exp(b)	SE	b	Exp(b)	SE	b	Exp(b)	SE
定数	-2.077 ***	0.125	0.143	-2.050 ***	0.129	0.152	-2.084 ***	0.124	0.154
出生コーホート (ref：1966-70)									
1971-75 年	0.447 *	1.563	0.181	0.515 ***	1.673	0.184	0.520 **	1.681	0.184
1976-80 年	0.838 ***	2.312	0.178	0.864 ***	2.372	0.181	0.858 ***	2.358	0.181
1981-86 年	1.266 ***	3.547	0.182	1.282 ***	3.603	0.185	1.258 ***	3.520	0.186
親高等教育	0.210 +	1.234	0.125	0.323 *	1.381	0.130	0.296 *	1.344	0.131
親の離婚経験	0.363 +	1.437	0.202	0.187	1.205	0.211	0.128	1.136	0.215
最終学歴 (ref：高卒・専門卒)									
中学卒				2.013 ***	7.483	0.433			
高等教育卒				-0.250 *	0.778	0.127			
中退を含む学歴 (ref：高卒・専門卒)									
高校非進学							2.110 **	8.250	0.739
高校中退							2.056 ***	7.811	0.523
高等教育中退							1.218 **	3.379	0.402
高等教育卒							-0.193	0.825	0.128
-2 Log Likelihood	1775.6			1746.2			1737.2		
χ 2 (df)	69.8(5) ***			99.2(7) ***			108.2(9) ***		
Nagelkerke Rsquare	0.059			0.084			0.091		
N	1801			1801			1801		

(注) $+ p < .1$, $* p < .05$, $** p < .01$, $*** p < .001$

の有無を従属変数とした男女別の二項ロジスティック回帰分析の結果（表7-1、表7-2）、既婚ダミーと親の学歴を統制したモデル1において、男女ともに親の離婚経験の有意な効果が示された。親の離婚経験の効果については、親の離婚経験者は男女ともに、失業経験をしやすい傾向が見られた（男性ではオッズ比が約2.5倍、女性では約1.7倍）。補足的に親の離婚経験と親の学歴との交互作用項を検討したが、男女ともに交互作用項は有意ではなく、親の離婚経験の効果は親の学歴によって異なるというわけではなかった。また、親の離婚経験と既婚ダミーとの交互作用項についても検討したが有意ではなく、男女ともに親の離婚経験は未婚・既婚によってその効果が異なるというわけではなかった。

　次に、モデル2において学歴、モデル3において初職非正規雇用の変数を投入することで、教育達成および初職の不利の媒介効果について検討する。まず、男性においては（表7-1）、モデル2で学歴を投入すると、高卒・専門卒に比べて、中学卒の場合に失業を経験しやすく、高等教育卒の場合に失業を経験しにくい傾向にある。また、男性のモデル3の初職の効果については、初職が非正規雇用である場合に失業を経験しやすい傾向が見られる。このように失業経験は男性の学歴や初職の不利との関連が見られた。親の離婚経験については、係数を確認すると、モデル1から順に$b=0.935^{***} \rightarrow b=0.709^{***} \rightarrow b=0.678^{**}$と変化しているが、モデル3においても親の離婚経験の効果は有意なまま残っている。なお、補足的に親の学歴を投入していないモデルも検討したが、親の離婚経験の効果はほとんど変わらなかった。親の離婚経験の効果は、親の学歴の効果によるというよりも、本人の学歴を媒介している可能性は示唆されるものの、男性の学歴と初職非正規雇用の変数を統制したモデル3においてもなお、親の離婚経験の効果は有意なまま維持された。未婚男性と既婚男性に分けた分析においても（章末の補表1-1、補表1-2）、モデル2で学歴を統制することで親の離婚経験の係数はやや減少しており（未婚男性$b=0.782^{*} \rightarrow b=0.636^{*}$、既婚男性$b=1.070^{***} \rightarrow b=0.771^{**}$）、男性では親の離婚経験の一部は学歴を媒介してい

る可能性も示唆されるものの、学歴や初職非正規雇用を統制しても、モデル3において親の離婚経験の効果は有意なまま残っている。女性においては（表7-2）、モデル2、3において投入した学歴や初職非正規雇用の変数には有意な効果は見られず、モデル3においても親の離婚経験の効果は有意なまま残っている。

　分析の結果、男女ともに親の離婚経験者は失業を経験しやすい傾向が見られたが、そのような親の離婚経験の効果は教育達成や初職の不利のみでは説明されず、学歴と初職非正規雇用の変数を統制してもなお、親の離婚経験の効果は有意なまま維持された。推測される可能性としては、初職が非正規雇用であるか否かによっては考慮することができていない、初職の不利がその後の失業経験に影響を及ぼしているということである[11]。先行研究では、非正規雇用者は正規雇用者と比べて収入が低いのみならず、非正規雇用者内部の分散も大きいことが指摘されている（小川2016）。したがって、非正規雇用として分類される職であったとしても、その収入や安定性は異なる可能性がある。また、親の離婚を経験していない者の一部は初職が非正規雇用であったとしても、失業経験にはつながりにくい一方で、親の離婚経験者の一部は初職で正規雇用の職に就いていたとしても、失業経験につながりやすいような不安定な職を経験している可能性も考えられる。その他の要因として、先行研究においては、親の離婚と職業的地位達成の低さとの関連は、親のサポートによっても説明されている（Amato and Booth 1997）。そのため、親の離婚経験の効果を説明するその他の要因として、失業経験につながりにくい効果をもつ何らかの仕事に関する家族や周囲から得られる資源やサポートが不足しやすい状況にあることが考えられる。しかし、仕事の紹介に関する変数（「仕事を紹介してもらうこと」を相談したり、頼んだりする相手が「誰もいない」）を用いて補足的に検討したところ、女性において失業経験への独立の効果は示されたものの、親の離婚経験の効果を説明するものではなかった[12]。ただし、本データの変数には限界もあり、補足的な分析にすぎないた

表 7-1 男性の失業経験を従属変数とした二項ロジスティック回帰分析

	モデル1			モデル2			モデル3		
	b	Exp(b)	SE	b	Exp(b)	SE	b	Exp(b)	SE
定数	-1.434 ***	0.238	0.181	-1.198 ***	0.302	0.190	-1.312 ***	0.269	0.195
既婚	-0.566 ***	0.568	0.151	-0.568 ***	0.567	0.152	-0.502 **	0.605	0.154
出生コーホート (ref.：1966-70)									
1971-75年	0.320 +	1.377	0.182	0.322 +	1.379	0.185	0.310 +	1.363	0.186
1976-80年	0.131	1.140	0.202	0.189	1.208	0.204	0.152	1.164	0.206
1981-86年	-0.862 **	0.422	0.278	-1.002 ***	0.367	0.282	-1.123 ***	0.325	0.287
親高等教育	-0.400 *	0.670	0.159	-0.118	0.889	0.167	-0.159	0.853	0.168
親の離婚経験	0.935 ***	2.548	0.205	0.709 ***	2.032	0.211	0.678 **	1.970	0.214
学歴 (ref.：高卒・専門卒)									
中学卒				0.769 **	2.158	0.279	0.623 *	1.865	0.283
高等教育卒				-0.816 ***	0.442	0.158	-0.784 ***	0.457	0.158
初職非正規							0.650 ***	1.916	0.179
-2 Log Likelihood	1374.7			1333.7			1321.2		
χ^2 (df)	57.5(6) ***			98.5(8) ***			111.0(9) ***		
Nagelkerke R-square	0.059			0.100			0.112		
N	1654			1654			1654		

(注) $+ p<.1$, $* p<.05$, $** p<.01$, $*** p<.001$

表 7-2　女性の失業経験を従属変数とした二項ロジスティック回帰分析

	モデル 1			モデル 2			モデル 3		
	b	Exp(b)	SE	b	Exp(b)	SE	b	Exp(b)	SE
定数	-1.113 ***	0.329	0.179	-1.035 ***	0.355	0.189	-1.063 ***	0.345	0.191
既婚	-0.986 ***	0.373	0.153	-1.005 ***	0.366	0.154	-0.993 ***	0.371	0.154
出生コーホート（ref：1966-70）									
1971-75 年	0.283	1.328	0.179	0.303 +	1.354	0.179	0.296 +	1.345	0.180
1976-80 年	-0.170	0.843	0.199	-0.159	0.853	0.200	-0.171	0.842	0.200
1981-86 年	-0.954 ***	0.385	0.247	-0.961 ***	0.382	0.247	-0.981 ***	0.375	0.248
親高等教育	-0.152	0.859	0.149	-0.104	0.901	0.154	-0.114	0.892	0.155
親の離婚経験	0.541 *	1.718	0.223	0.495 *	1.640	0.226	0.490 *	1.632	0.227
学歴（ref：高卒・専門卒）									
中学卒				0.085	1.088	0.561	0.018	1.018	0.566
高等教育卒				-0.181	0.835	0.143	-0.175	0.839	0.144
初職非正規							0.148	1.159	0.166
-2 Log Likelihood	1455.6			1453.9			1453.1		
χ² (df)	59.5(6) ***			61.2(8) ***			62.0(9) ***		
Nagelkerke R-square	0.057			0.059			0.059		
N	1801			1801			1801		

（注）＋ $p<.1$, * $p<.05$, ** $p<.01$, *** $p<.001$

め、今後さまざまなデータや幅広い資源やサポートに関する変数を用いて検討していく必要があるだろう。

　前述のように、男女ともに親の離婚経験と既婚ダミーとの交互作用項は有意ではなく、親の離婚経験は未婚・既婚によってその効果が異なるというわけではなかったが、最後に、補足的な分析の結果として、失業経験における未婚者と既婚者の差異について簡単に確認する。男性では、学歴や初職の効果についても、既婚ダミーとの交互作用項は有意ではなく、学歴や初職も未婚・既婚によって効果が異なるというわけではなかった。また、未婚男性と既婚男性に分けた分析においても（章末の補表1-1、補表1-2）、結果に大きな差異は見られなかった。その一方で、女性においては未婚女性と既婚女性に分けると結果は異なり、未婚女性では親の離婚経験が有意であるが、既婚女性に限定した分析では親の離婚経験は有意ではなかった（補表2-1、補表2-2）。既婚女性では、失業経験に対して、親の離婚経験、学歴、初職のどの変数も有意な効果は示さず、補足的にwave1時点での子どもの有無と早婚に関するダミー変数の効果も確認したが、いずれも有意ではなかった。しかし、既婚女性では、定位家族の経験ではなく、本人自身がwave1時点までに離婚経験があることが失業経験との有意な関連を示していた（補表2-2）。本データからは離婚の時期と失業の時期がわからないため、その前後関係に基づいた解釈はできないが、既婚者においては、本人自身に離婚経験がある者は離婚を経験していない者に比べ、失業を経験している傾向が示された。

　最後に、親の離婚経験者は転職を経験しやすい傾向にあるのか、転職経験の分析を行う。まず、男性において、転職経験の有無を従属変数とした二項ロジスティック回帰分析を行った結果（表8-1）、既婚ダミーと親の学歴を統制したモデル1において、親の離婚経験の有意な効果が示された。親の離婚経験者は転職をしやすい傾向が見られたが（オッズ比は約1.7倍）、モデル2で学歴、モデル3で初職非正規雇用の変数を投入しても、親の離婚経験の効果は有意なまま残った。補足的に、親の離婚経験と本人の学歴

との交互作用項を検討した結果、男性の転職経験においてのみ（表8-1 参考のモデル）、親の離婚経験と高等教育卒との交互作用項の有意な効果が示され、転職を経験しにくい傾向が確認された。この点については、親の離婚を経験していても、男性において高等教育卒である場合には転職を経験しにくいと考えられるが、その要因については明らかではないためにこれ以上の解釈は保留する。なお、親の離婚経験の効果は未婚・既婚によって異なるのか、補足的に親の離婚経験と既婚ダミーとの交互作用項についても検討したが有意ではなかった。

　ただし、未婚者と既婚者を分けて分析を行った結果（補表3-1、補表3-2）、モデル2の結果にはやや違いが見られた。未婚者と既婚者を分けた分析では、単純な係数の比較はできないものの、未婚者では、モデル1において親の離婚経験の係数が $b=0.877^{**}$ と有意な効果を有しており（オッズ比は約2.4倍）、モデル2、モデル3においても有意なまま維持される（モデル2では $b=0.759^*$、モデル3では $b=0.728^*$、いずれもオッズ比は約2.1倍）。それに対し、既婚者では、モデル1で親の離婚経験の係数は $b=0.529^*$（オッズ比は約1.7倍）であるものの、モデル2において学歴を統制することで有意ではなくなる（$b=0.324$ *n.s.*、オッズ比は約1.4倍）。つまり、未婚男性では、学歴と初職を統制しても、親の離婚経験の転職への効果は有意なまま維持されるが、既婚男性では、学歴を統制することで親の離婚経験の効果は有意ではなくなり、その一部は学歴を媒介とした効果であることが示唆される [13]。なお、補足的に親の学歴を投入していないモデルも検討したが、親の離婚経験の効果はほとんど変わらず、親の学歴の効果によるというよりも、本人の学歴を媒介している可能性が示唆される。

　女性の転職経験については、二項ロジスティック回帰分析の結果（表8-2）、既婚ダミーと親の学歴を統制したモデル1において、親の離婚経験は1%水準で有意な効果が見られ、また、女性においても親の離婚経験者は転職をしやすい傾向が示された（$b=0.471^{**}$、オッズ比は約1.6倍）。モデル2で学歴を統制すると、親の離婚経験の係数はやや減少し10%水準で

表 8-1 男性の転職経験を従属変数とした二項ロジスティック回帰分析

	モデル1			モデル2			モデル3			(参考)		
	b	Exp(b)	SE	b	Exp(b)	SE	b	Exp(b)	SE	b	Exp(b)	SE
定数	0.195	1.215	0.133	0.404 **	1.497	0.145	0.331 *	1.393	0.147	0.397 **	1.487	0.148
既婚	-0.305 ***	0.737	0.113	-0.271 *	0.763	0.115	-0.225 +	0.798	0.116	-0.244 *	0.783	0.116
出生コーホート (ref.: 1966-70)												
1971-75 年	0.048	1.049	0.132	0.045	1.046	0.134	0.034	1.035	0.134	0.018	1.018	0.135
1976-80 年	-0.366 *	0.694	0.146	-0.437 **	0.646	0.150	-0.462 **	0.630	0.150	-0.397 **	0.673	0.150
1981-86 年	-0.864 ***	0.422	0.179	-1.281 ***	0.278	0.191	-1.354 ***	0.258	0.194	-1.087 ***	0.337	0.187
親高等教育	-0.110	0.896	0.109	0.125	1.133	0.117	0.104	1.109	0.118	0.093	1.098	0.116
親の離婚経験	0.534 **	1.706	0.180	0.517 **	1.677	0.186	0.501 **	1.651	0.187	0.685 **	1.983	0.249
学歴 (ref.: 高卒・専門卒)												
中学卒				0.151	1.163	0.261	0.039	1.040	0.264	-0.041	0.960	0.296
高等教育卒				-0.735 ***	0.480	0.111	-0.713 ***	0.490	0.111	-0.670 ***	0.512	0.114
初職非正規							0.461 **	1.585	0.150	0.601 ***	1.823	0.150
親の離婚経験×中学卒										-0.388	0.679	0.635
親の離婚経験×高等教育卒										-1.014 *	0.363	0.447
-2 Log Likelihood	2236.7			2141.0			2131.6			2162.7		
χ²(df)	45.4(6)***			119.9(8)***			129.3(9)***			119.3(11)***		
Nagelkerke R-square	0.036			0.094			0.101			0.093		
N	1654			1654			1654			1654		

(注) + p<.1, *p<.05, **p<.01, ***p<.001

表 8-2　女性の転職経験を従属変数とした二項ロジスティック回帰分析

	モデル 1			モデル 2			モデル 3			(参考)		
	b	Exp(b)	SE	b	Exp(b)	SE	b	Exp(b)	SE	b	Exp(b)	SE
定数	0.575 ***	1.777	0.137	0.656 ***	1.927	0.146	0.660 ***	1.936	0.148	0.565 ***	1.759	0.152
既婚	-0.317 ***	0.729	0.115	-0.524 ***	0.592	0.118	-0.526 ***	0.591	0.118	-0.386 **	0.680	0.129
出生コーホート (ref : 1966-70)												
1971-75 年	0.002	1.002	0.129	-0.054	0.948	0.129	-0.052	0.949	0.129	-0.035	0.966	0.129
1976-80 年	-0.324 *	0.723	0.140	-0.464 **	0.629	0.141	-0.462 **	0.630	0.141	-0.443 **	0.642	0.142
1981-86 年	-1.169 ***	0.311	0.170	-1.455 ***	0.233	0.177	-1.451 ***	0.234	0.178	-1.437 ***	0.238	0.179
親高等教育	-0.241 *	0.786	0.105	-0.209 +	0.811	0.111	-0.208 +	0.812	0.111	-0.215 +	0.807	0.111
親の離婚経験	0.471 **	1.601	0.182	0.322 +	1.380	0.183	0.323 +	1.381	0.183	0.316 +	1.372	0.184
学歴 (ref : 高卒・専門卒)												
中学卒				-0.213	0.808	0.410	-0.202	0.817	0.414	-0.134	0.874	0.415
高等教育卒				-0.252 *	0.777	0.103	-0.253 *	0.776	0.103	-0.257 *	0.773	0.104
初職非正規							-0.026	0.974	0.125	0.282	1.325	0.171
初職非正規×既婚										-0.653 **	0.521	0.249
-2 Log Likelihood	2416.6			2373.2			2372.2			2366.2		
χ^2 (df)	78.9(6) ***			104.5(8) ***			104.5(9) ***			111.5(10) ***		
Nagelkerke R-square	0.057			0.075			0.075			0.080		
N	1801			1801			1801			1801		

(注) $+ p<.1$, $* p<.05$, $** p<.01$, $*** p<.001$

の有意な効果となったが（b=0.322+、オッズ比は約1.4倍）、モデル3で初職非正規雇用の変数を投入することによっては親の離婚経験の効果にほぼ変化はなかった。女性において、親の離婚経験の転職経験への効果の一部は、学歴を媒介していることが示唆されるが、モデル3においても10%水準ではあるが親の離婚経験の効果は残った。女性においても、補足的に親の学歴を投入していないモデルを検討したが、親の離婚経験の効果はほとんど変わらず、親の離婚経験の効果は親の学歴の効果であるというよりも、本人の学歴を媒介している可能性が示唆される。なお、男女とも補足的に親の離婚経験と親の学歴との交互作用項を検討したが、交互作用項は有意ではなく、親の離婚経験の効果は親の学歴によって異なるというわけではなかった。

　補足的な分析として、親の離婚経験の効果は未婚・既婚によって異なるのか、親の離婚経験と既婚ダミーとの交互作用項を検討したが有意ではなかった。ただし、未婚・既婚によって学歴や初職非正規雇用の効果が異なるのかを検討したところ、初職非正規雇用と既婚ダミーとの交互作用項のみ有意であり（表8-2参考のモデル）、既婚かつ初職が非正規雇用であることの効果はマイナスであり、初職が非正規雇用である既婚女性は転職を経験しにくい傾向が示された。すなわち初職が非正規雇用でその後も未婚である女性は転職を経験しやすいが、既婚女性では初職が非正規雇用であっても転職を経験しにくい傾向にあることがうかがえる。この点に関しては、初職が非正規雇用の既婚女性は、結婚後も非正規雇用の職を続けている、または仕事を辞めて専業主婦になっているために、転職を経験しにくい傾向にある可能性が考えられるが、本データのみから確定的なことは言えない[14]。

　最後に、女性では未婚者と既婚者を分けて分析を行うと、転職経験の傾向に差異が見られるため、補足的な分析の結果についても簡単に確認する。まず、前述のように、女性全体の分析において親の離婚経験と既婚ダミーとの交互作用項を検討した結果、有意ではなかった。未婚女性と既婚

女性を分けて分析を行った結果（補表 4-1、補表 4-2）、未婚女性ではモデル 1 で親の離婚経験は 5% 水準で有意な効果が見られ（b=0.646*、オッズ比は約 1.9 倍）、親の離婚経験者は転職をしやすい傾向が示された。未婚女性では、モデル 2 において高等教育卒である場合に転職しにくい傾向が見られ（モデル 2 における親の離婚経験は b=0.572+、オッズ比は約 1.8 倍）、モデル 3 において初職が非正規雇用であることも 10% 水準で有意な効果をもち（モデル 3 における親の離婚経験は b=0.546+、オッズ比は約 1.7 倍）、初職が非正規雇用である場合に転職を経験しやすい傾向が示された。それに対し、既婚女性については（補表 4-2）、親の離婚経験および学歴の効果は有意ではなく、前述の通り、初職が非正規雇用であることはマイナスの効果を有していた。補足的に、既婚女性自身の wave1 時点での離婚経験の効果を検討した結果（補表 4-2 の参考のモデル）、失業経験における解釈と同様に、離婚との前後関係に基づいた解釈はできないものの、離婚経験がある場合に転職を経験している傾向が示された。

　他のデータを用いた先行研究では、調査期間中に離死別を経験した女性のうち、離死別後に転職している女性も多いことが示されており（樋口ほか 1999）[15]、本データにおける結果とも整合的である。既婚女性の転職に関しては、先行研究の知見と本データの分析結果をあわせて考えると、離婚後に転職をしやすい可能性も考えられる。また、補足的な分析の結果、親の離婚経験と本人の離婚経験との交互作用項も 5% 水準で有意であり、親の離婚経験があり、かつ本人も離婚を経験している場合に転職を経験しやすい傾向も示された。親の離婚経験と本人の離婚経験との交互作用項が転職に及ぼす効果については、さまざまな補足的分析を試みたが[16]、有意味な結果は得られなかった。

　本節の分析結果より、改めて仮説の検証の結果をふりかえると、まず、初職に関しては、(1) 親の離婚経験者における初職の不利については男女ともに支持された。また、そのような親の離婚経験者の初職における不利の要因に関しては、(2) 教育達成による媒介効果と整合的な結果であった

と言える。次に、就業の不安定性に関しては、(3) 親の離婚経験者における失業、転職の経験しやすさという仮説については、男女ともに支持されたが、既婚女性に限定した分析においては、親の離婚経験の有意な効果は確認されなかった。また、親の離婚経験者の失業経験・転職経験が (4) 教育達成および初職の不利を媒介している可能性については、部分的には学歴による媒介を示唆する結果も見られたが、学歴と初職だけでは説明されない親の離婚経験の効果も残ったため、仮説は部分的には支持されたにとどまる。本節の分析結果からは、特に、親の離婚経験者が初職における不利を経験しやすいことだけでなく、失業や転職を経験しやすい傾向にあることについても明らかになった。

3.2.4　初職の不利と就業の不安定性に関する考察

　本章においては、貧困・低所得につながりうる、初職の不利と就業の不安定性に着目し、親の離婚経験者の職業に関する不利について明らかにした。これまでの分析結果における主な知見をまとめると、まず、親の離婚経験者は男女ともに、初職において非正規雇用の職に就きやすく、そのような関連は主に学歴によって説明された。加えて、就業の不安定性に関しては、男性および未婚女性において、親の離婚経験者は失業・転職を経験しやすい傾向にあることが示された。そのような親の離婚経験の効果は、部分的には学歴を媒介としていることも示唆されるものの、初職ほど顕著ではなく、失業経験・転職経験に関しては親の離婚経験の効果は学歴や初職のみでは十分に説明されなかった。ただし、女性においては、既婚者と未婚者を分けた分析では結果が異なり、既婚女性では親の離婚経験の有意な効果は示されず、本人自身の離婚経験と失業経験・転職経験との関連が示された。したがって、失業・転職の経験に関しては、主要な稼ぎ手であることが想定される男性においては未婚・既婚を問わず、親の離婚経験という定位家族の経験が影響を与えており、女性では未婚である場合には男性と同様の傾向が見られたと言える。その一方で、既婚女性においては定

位家族の経験ではなく、生殖家族における離婚経験と失業・転職の経験との関連が見られた点で異なる。データの制約により、離婚経験と失業・転職の経験との前後関係に基づいた解釈はできないものの、女性において結婚や出産、育児によって退職している場合や非正規雇用の職に就いている場合を考えると、離婚後に仕事を変える必要性が生じている可能性、無職期間を経て離婚後に再度働き始めている層において失業や転職などの就業の不安定性のリスクが高い可能性も考えられる。

　これまでの日本のひとり親世帯出身者の地位達成に関する研究は限られており、主に早期に父親がいなかった男性が専門・大企業ホワイトカラーの職に就きにくい傾向にあることが示されてきた（余田・林雄亮 2010; 斉藤知洋 2018b）。それに対し、本書では、貧困・低所得やその後の就労の不利にもつながりうる、初職の非正規雇用に着目し、親の離婚経験者は初職が非正規雇用となりやすいことを明らかにしたが、そのような初職の不利は男性だけでなく、未婚女性においても見られることが確認された。加えて、米国の先行研究においては、ひとり親世帯出身者と無業や転職との関連が示されることもあるが（McLanahan and Sandefur 1994; Mueller, D. and Cooper 1986; Crain and Weisman 1972）、本書においても、親の離婚経験者は男女ともに失業や転職を経験しやすい傾向にあることが示された。本書で示された、親の離婚経験者が初職において非正規雇用に就きやすく、失業や転職という就業の不安定性を経験しやすいことは、前述のように先行研究の知見からは、正規雇用への移行の困難、失業や転職による所得の低下、現職の不利などを経由し、貧困・低所得につながっている可能性がある。そのような意味では、親の離婚経験者は教育達成における不利だけでなく、学卒後の初職における不利やその後の就業の不安定性など、長期的なライフコースにおいて不利を経験しやすく、貧困・低所得の再生産につながりうるという意味でも重要な問題である。

　そのような親の離婚経験者の職業における不利は、本章の分析結果からは部分的には教育達成の不利を媒介としている可能性が示唆された。特に、

親の離婚経験者が学卒後の初職において非正規雇用の職に就きやすい傾向については、男女ともに学歴を統制することで、その有意な効果は見られなくなり、教育達成の低さを媒介とした効果であることが示された。また、その後の就業の不安定性に関しては、学歴と失業経験・転職経験に有意な関連が見られ、学歴によってすべてが説明されるわけではなかったが、学歴を媒介とした親の離婚経験の効果も部分的に存在することが示唆された。したがって、先行研究が示しているように非正規雇用や失業、転職に貧困・低所得のリスクがあるとすれば、親の離婚経験者が初職の不利や就業の不安定性を経験し、貧困・低所得の再生産が生じるメカニズムの一つには、教育達成における不利があると考えられる。このように教育達成における不利がその後の初職や就業の不安定性にも影響を及ぼしうることを考えると、親の離婚経験者やひとり親世帯出身者における貧困・低所得の再生産の問題の解決に対しては、定位家族の経験による教育達成の格差を縮小させることが求められるだろう。ただし、前述のように（3.2.3）、学歴や初職が非正規雇用であることを統制してもなお、親の離婚経験者が失業や転職を経験しやすい効果は有意なまま維持されたことについては、非正規／正規雇用の内部における格差、家族や周囲から得られる資源やサポートにおける格差など、今後の検討が求められる。

　以上のように、本章は親の離婚経験者の職業における不利を貧困・低所得の再生産という問題意識から検討してきたが、以下の課題も存在する。第一に、データの制約により、失業経験や転職経験の効果についての分析は十分ではない。本データにおいては、失業経験や転職経験の時期や理由はわからず、失業や転職の前年の本人の就業状況や家族の状況、前年の配偶者の職業や収入等は検討することができない。そのため、親の離婚経験者が失業や転職を経験しやすい理由についても学歴や初職以外の要因については十分に検討することができなかったという限界がある。関連して、特に失業や転職の経験については、親の離婚経験の説明されない効果が残った。補足的な分析においては、仕事の紹介に関する周囲のサポート、子

どもの有無や10代での早婚などの家族に関わる変数を可能な限り検討したが、学歴や初職によって説明されない親の離婚経験の効果が何によるものなのかは十分に明らかにすることはできなかった。前述のように、その他の可能性としては、非正規雇用か否かではとらえきれていない初職やその後の就業における不利に加えて、親や周囲から得られる資源やサポートが不足している可能性があるが、その点についても今後明らかにしていく必要がある。

　第二に、既婚女性の失業経験や転職経験に影響を与えるメカニズムについては今後さらなる検討が必要である。女性全体の分析では、既婚か否かを統制しても、親の離婚経験が失業経験や転職経験に与える効果は有意であったが、既婚女性に限定した分析では本人の離婚経験の効果や親の離婚経験との交互作用の効果が見られた。しかし、本データでは、離婚の時期と失業・転職の時期がわからないために、前後関係が明確ではないという限界があった。本人の離婚経験や親の離婚経験との交互作用は、どのようなメカニズムで失業経験や転職経験との関連を生み出すのか、今後他のデータも用いて明らかにしていく必要がある。

■注

1）家族構造に関する理論ではないが、貧困な家族という近接領域においては、親の所得と子どもの経済的地位達成との関連を説明する理論として、親による時間や金銭的投資が子どもの教育達成や結果としてその後の経済的地位にも影響を与えるとする"investment theory"、親のペアレンティングに着目し、貧困な状況による親のストレスが不十分なペアレンティングにつながること（parental stress）、貧困な親の価値規範や行動がよいロールモデルとならないこと（role-model）の2つからなる"good-parent theory"という理論がある（Mayer［1997］1999: 49-51）。

2）その他にも、近年の家族研究においては、親の離婚や家族構造の変化と教育達成・社会経済的地位達成との関連における媒介要因として、親からのサポートや社会的な資源、大学進学のための親の貯蓄、親の教育期待などが検討されることもある（Amato and Booth 1997; Sun and Li 2008）。

3）死別、離別、婚外子以外の理由で親から離れる例として、親との不仲や虐待、親のアルコールやドラッグの問題、親の精神疾患、貧困、遺棄、刑務所への収監、家出、親戚

やその他の人の家に移された場合、裁判所などによって家から離された場合などが挙げられている（Amato and Keith, B. 1991: 192）。

4）祖父母やオジオバといった広い意味での家族や親族の学歴が及ぼす効果に関する研究も行われている（荒牧 2011; 荒牧・平沢 2016 など）。

5）失業経験は、現在の状況に関する、社会的排除のうち以下の5つの側面との関連が見られているが（阿部 2007: 31-2）、経済的理由による欠如に着目している項目も多く、貧困・低所得とも関連があると考えられる。①適切な住環境の欠如（家賃の滞納や経済的理由による居住環境の悪さ）、②主観的な貧困（暮らし向きが大変苦しい・家計が毎月赤字・貯蓄をしていない／切り崩している）、③社会参加（家族旅行、家族での外食、社会活動）の欠如、④社会関係の欠如（コミュニケーションの欠如、経済的な理由によって友人・家族・親戚に会いに行くことができない、親戚の冠婚葬祭に出席できない、同居家族以外に頼れる人がいないなど）、⑤制度からの排除（選挙に関心がない以外の理由で行かない、公的年金や医療保険の未加入、公共サービスを使うことができない、電気・ガス・電話の停止経験）（阿部 2007: 31-2）。

6）失業経験と転職経験の変数はそれぞれの経験の時期はわからず、wave1 時点までの経験有無となっているため、既婚ダミーに関しても、wave1 時点までに結婚経験があるか否かを用いている。wave1 時点の婚姻状態を用いていない理由として、waev1 時点で離死別となっている場合に、失業経験、転職経験への効果が離死別によるものなのか、結婚していたことによるものなのかは、判別ができないということが挙げられる。また、離死別後の再婚は wave1 時点の婚姻状態を用いると有配偶となり、これまでの経験として尋ねた失業経験・転職経験に対しては再婚前の離死別の効果が考慮されないことになる。これらのことを考慮し、分析では既婚ダミー（wave1 までの結婚経験）、補足的な分析ではそれに加えて wave1 までの離婚経験を用いている（死別に関しては、これまでの死別経験は尋ねられていないため、分析に用いることができない）。データの制約により、失業前または転職前の婚姻状態ではないことには留意が必要である。

7）既婚の男性において、親の離婚経験がない群における失業経験の割合がやや低いという差異が見られたものの、その他の結果については、未婚・既婚の男性、未婚の女性における親の離婚経験有無別の失業・転職の経験に大きな違いは見られなかった。未婚・既婚の男性の学歴については、未婚の親の離婚経験者に高卒・専門卒が多いという以外には大きな差異はないが、初職に関しては未婚の男性では初職が非正規雇用である割合が高く、既婚の男性では初職が非正規雇用の割合は低く、親の離婚経験がない既婚の男性の場合にはさらに低いという差異がある。既婚男性の親の離婚経験がない群における失業経験の低さは、そのような初職の安定性を反映している可能性はある。

8）本データの分析では、初職非正規雇用への親の学歴の効果は、男女ともに本人の学歴を統制したモデル2では5%水準で有意であり、どちらも効果の向きはプラスであった。ただし、補足的な分析の結果、親の学歴の効果はコーホートや本人の学歴によっても異なっており、必ずしも一貫した正の関連があるとは言えない。先行研究においても、若年層の非正規雇用（またはフリーター）とその出身階層との関連を指摘する研究もある

一方で、コーホートや本人の学歴によっても異なり、出身階層と非正規雇用就労との直接的な関連はほとんどないとする研究もあり、知見は混在している（佐藤香 2011; 太郎丸 2006; 耳塚 2002 など）。出身階層と本人の「職業階層」との関連はあっても、「非正規雇用」との関連は見られず、あったとしても学歴を経由した間接的な効果にとどまるとの指摘がなされることもある（佐藤香 2011）。

9）親の学歴と親の離婚経験との交互作用項については、男性においてのみ 10% 水準で有意な効果が示された。親の学歴が高等教育かつ親の離婚経験がある場合には、親の離婚経験者の初職が非正規雇用になりやすい効果はほぼ消失する。ただし、このような交互作用項の効果は、本人の学歴を統制することで有意ではなくなった。

10）なお、最終学歴の分類では中学卒となる、高校非進学と高校中退との差異については、基準カテゴリーを高校非進学とした補足的な分析を行ったが、高校中退における有意な効果は確認されなかった。

11）高校非進学や中退を含む学歴の差異が考慮されていないことによる可能性については、初職非正規雇用の分析において用いた、中退を含む学歴によっても検討したが、失業経験に対しては中退による有意な効果は見られなかった。

12）データの制約により、wave1 時点における変数となってしまうことには留意が必要ではあるが、女性において「仕事を紹介してもらうこと」を相談したり、頼んだりする相手が「誰もいない」と回答している場合に、失業経験をしやすいという効果（b=.398**、オッズ比は約 1.5 倍）が見られた（未婚女性では b=.413*、既婚女性では b=.385+）。しかし、そのような仕事の紹介に関するサポートの効果は、親の離婚経験や本人の離婚経験の効果を説明するものではなかった。加えて、「失業や病気でお金が必要になったとき、まとまった金額を貸してもらう」ことを相談したり頼んだりする相手がいないことに関しては、有意な効果は確認されなかった。

13）親の離婚経験者と非経験者との差異は、未婚男性では中卒、高卒・専門卒の両方において親の離婚経験者は転職を経験している割合がやや高い。それに対して、既婚男性では高卒・専門卒の層においてのみ親の離婚経験者の転職経験の高さが確認される。未婚男性と既婚男性の分析結果の差異はこのことにも関連していると考えられる。また、未婚男性と既婚男性の差異について記述的に確認すると、未婚男性は初職が非正規雇用の割合が高く、既婚男性は初職が非正規雇用の割合が低い。加えて、男性全体の分析結果における既婚ダミーの効果より、既婚男性は転職を経験しにくい傾向にあることからも、未婚男性において特に初職の不利や転職経験といった就業の不安定性を経験している傾向がより強い可能性が考えられる。

14）補足的に、既婚女性において、初職が非正規雇用か否かによって、現在の従業上の地位がどのように異なるのかについて分布を確認したところ、初職が非正規雇用ではない場合、現在無職である割合は 40.6%、非正規雇用である割合は 28.6% であるのに対し、初職が非正規雇用である場合、現在無職である割合は 43.6%、非正規雇用である割合は 40.9% であった。そのため、初職が非正規雇用である既婚女性は、初職が非正規雇用でなかった者と比べて、現在も非正規雇用の職に就いている割合が特に高いと言える。

15）ただし、調査期間中に離死別を経験した女性37名における就業状態の変化に関する分布であるため、ケースが非常に限られている点には留意が必要である。

16）本人の離婚経験の効果や親の離婚経験との交互作用項の効果は、15歳時の暮らし向き、10代での早婚であるか否か、子どもの有無の変数では説明されなかった。

補表 1-1 未婚男性の失業経験を従属変数とした二項ロジスティック回帰分析

	モデル 1			モデル 2			モデル 3		
	b	Exp(b)	SE	b	Exp(b)	SE	b	Exp(b)	SE
定数	-1.329 ***	0.265	0.264	-1.223 ***	0.294	0.280	-1.324 ***	0.266	0.284
出生コーホート (ref：1966-70)									
1971-75 年	0.097	1.102	0.305	0.160	1.174	0.311	0.136	1.145	0.313
1976-80 年	0.068	1.070	0.303	0.214	1.238	0.310	0.158	1.172	0.313
1981-86 年	-0.976 **	0.377	0.348	-1.021 **	0.360	0.353	-1.163 **	0.312	0.359
親高等教育	-0.295	0.745	0.209	-0.077	0.926	0.220	-0.139	0.871	0.222
親の離婚経験	0.782 *	2.187	0.313	0.636 *	1.889	0.319	0.580 +	1.786	0.324
学歴 (ref：高卒・専門卒)									
中学卒				0.830 *	2.294	0.395	0.728 +	2.072	0.397
高等教育卒				-0.631 **	0.532	0.211	-0.582 **	0.559	0.213
初職非正規							0.652 **	1.920	0.219
-2 Log Likelihood	721.9			706.1			697.5		
χ^2 (df)	28.9 (5) ***			44.7 (7) ***			53.3 (8) ***		
Nagelkerke R-square	0.058			0.089			0.106		
N	799			799			799		

(注) + $p<.1$，* $p<.05$，** $p<.01$，*** $p<.001$

補表1-2　既婚男性の失業経験を従属変数とした二項ロジスティック回帰分析

	モデル1			モデル2			モデル3		
	b	Exp(b)	SE	b	Exp(b)	SE	b	Exp(b)	SE
定数	-2.042 ***	0.130	0.178	-1.697 ***	0.183	0.194	-1.751 ***	0.174	0.197
出生コーホート（ref.: 1966-70）									
1971-75年	0.481 *	1.618	0.228	0.460 *	1.583	0.232	0.450 +	1.569	0.233
1976-80年	0.054	1.056	0.299	0.006	1.006	0.304	-0.014	0.986	0.305
1981-86年	-0.882	0.414	0.758	-1.132	0.323	0.773	-1.151	0.316	0.775
親高等教育	-0.550 *	0.577	0.247	-0.188	0.828	0.261	-0.204	0.816	0.262
親の離婚経験	1.070 ***	2.917	0.273	0.771 **	2.161	0.287	0.760 **	2.139	0.288
学歴（ref.: 高卒・専門卒）									
中学卒				0.682 +	1.978	0.399	0.482	1.619	0.415
高等教育卒				-1.067 ***	0.344	0.241	-1.049 ***	0.350	0.242
初職非正規							0.653 *	1.921	0.314
-2 Log Likelihood	650.1			623.0			619.0		
χ^2(df)	25.1(5) ***			52.2(7) ***			56.2(8) ***		
Nagelkerke R-square	0.053			0.108			0.117		
N	855			855			855		

（注）+ $p<.1$, * $p<.05$, ** $p<.01$, *** $p<.001$

補表 2-1 未婚女性の失業経験を従属変数とした二項ロジスティック回帰分析

	モデル 1			モデル 2			モデル 3		
	b	Exp(b)	SE	b	Exp(b)	SE	b	Exp(b)	SE
定数	-0.953 ***	0.385	0.253	-0.835 **	0.434	0.264	-0.894 ***	0.409	0.269
出生コーホート (ref.: 1966-70)									
1971-75 年	-0.039	0.961	0.312	0.010	1.010	0.315	0.007	1.007	0.315
1976-80 年	-0.305	0.737	0.295	-0.264	0.768	0.297	-0.281	0.755	0.297
1981-86 年	-1.169 ***	0.311	0.313	-1.153 ***	0.316	0.314	-1.179 ***	0.308	0.315
親高等教育	-0.128	0.880	0.195	-0.068	0.934	0.200	-0.094	0.910	0.202
親の離婚経験	0.705 *	2.024	0.325	0.641 +	1.898	0.330	0.614 +	1.848	0.331
学歴 (ref.: 高卒・専門卒)									
中学卒				-0.343	0.710	1.107	-0.480	0.619	1.109
高等教育卒				-0.299	0.741	0.196	-0.291	0.747	0.196
初職非正規							0.284	1.329	0.208
-2 Log Likelihood	720.9			718.5			716.7		
χ² (df)	31.1(5) ***			33.5(7) ***			35.3(8) ***		
Nagelkerke R-square	0.064			0.068			0.072		
N	766			766			766		

(注) + p< .1, * p< .05, ** p< .01, *** p< .001

補表 2-2　既婚女性の失業経験を従属変数とした二項ロジスティック回帰分析

	モデル 1			モデル 2			(参考)		
	b	Exp(b)	SE	b	Exp(b)	SE	b	Exp(b)	SE
定数	-2.151 ***	0.116	0.170	-2.135 ***	0.118	0.188	-2.236 ***	0.107	0.195
出生コーホート (ref.：1966-70)									
1971-75 年	0.444 *	1.559	0.217	0.461 *	1.586	0.219	0.458 *	1.581	0.220
1976-80 年	-0.197	0.821	0.297	-0.194	0.824	0.299	-0.180	0.835	0.300
1981-86 年	-0.537	0.585	0.624	-0.499	0.607	0.636	-0.400	0.670	0.637
親高等教育	-0.187	0.829	0.234	-0.167	0.846	0.243	-0.153	0.858	0.245
親の離婚経験	0.403	1.497	0.312	0.373	1.452	0.318	0.323	1.381	0.321
学歴 (ref.：高卒・専門卒)									
中学卒				0.426	1.532	0.663	0.298	1.347	0.671
高等教育卒				-0.036	0.965	0.210	-0.018	0.982	0.211
初職非正規				-0.133	0.875	0.290	-0.188	0.829	0.292
wave1 本人離婚経験							0.763 **	2.144	0.268
-2 Log Likelihood	732.1			731.5			724.2		
χ^2 (df)	10.5(5) +			11.1(8)			18.4(9) *		
Nagelkerke R-square	0.020			0.021			0.034		
N	1035			1035			1035		

(注) $+ p < .1$, $* p < .05$, $** p < .01$, $*** p < .001$

補表 3-1 未婚男性の転職経験を従属変数とした二項ロジスティック回帰分析

	モデル 1			モデル 2			モデル 3		
	b	Exp(b)	SE	b	Exp(b)	SE	b	Exp(b)	SE
定数	0.255	1.290	0.216	0.466 *	1.594	0.229	0.397 +	1.488	0.231
出生コーホート（ref：1966-70）									
1971-75 年	-0.074	0.929	0.251	-0.051	0.951	0.254	-0.077	0.926	0.255
1976-80 年	-0.630 *	0.532	0.249	-0.574 *	0.563	0.252	-0.621 *	0.537	0.254
1981-86 年	-1.386 ***	0.250	0.261	-1.450 ***	0.235	0.265	-1.554 ***	0.211	0.270
親高等教育	-0.141	0.869	0.160	0.043	1.044	0.169	-0.003	0.997	0.170
親の離婚経験	0.877 **	2.403	0.292	0.759 *	2.135	0.297	0.728 *	2.072	0.299
学歴（ref：高卒・専門卒）									
中学卒				0.057	1.059	0.376	-0.041	0.959	0.377
高等教育卒				-0.589 ***	0.555	0.164	-0.545 ***	0.580	0.165
初職非正規							0.526 **	1.691	0.186
-2 Log Likelihood	1023.3			1009.5			1001.5		
χ^2 (df)	63.5(5) ***			77.2(7) ***			85.2(8) ***		
Nagelkerke R-square	0.103			0.124			0.136		
N	799			799			799		

（注）＋ $p < .1$, * $p < .05$, ** $p < .01$, *** $p < .001$

補表 3-2　既婚男性の転職経験を従属変数とした二項ロジスティック回帰分析

	モデル 1			モデル 2			モデル 3		
	b	Exp(b)	SE	b	Exp(b)	SE	b	Exp(b)	SE
定数	-0.208 +	0.813	0.116	0.158	1.171	0.136	0.133	1.143	0.137
出生コーホート (ref.: 1966-70)									
1971-75 年	0.061	1.063	0.157	0.050	1.051	0.161	0.042	1.043	0.161
1976-80 年	-0.352 +	0.703	0.196	-0.411 *	0.663	0.200	-0.426 *	0.653	0.201
1981-86 年	-0.586	0.556	0.388	-0.768 +	0.464	0.397	-0.787 *	0.455	0.398
親高等教育	-0.061	0.941	0.153	0.206	1.228	0.163	0.202	1.224	0.164
親の離婚経験	0.529 *	1.698	0.232	0.324	1.383	0.242	0.319	1.376	0.242
学歴 (ref.：高卒・専門卒)									
中学卒				0.250	1.284	0.369	0.130	1.139	0.379
高等教育卒				-0.854 ***	0.426	0.152	-0.846 ***	0.429	0.152
初職非正規							0.394	1.483	0.260
-2 Log Likelihood	1161.5			1126.3			1124.0		
χ² (df)	11.8(5) *			47.0(7) ***			49.3(8) ***		
Nagelkerke R-square	0.018			0.072			0.075		
N	855			855			855		

(注) + p＜.1, * p＜.05, ** p＜.01, *** p＜.001

補表 4-1　未婚女性の転職経験を従属変数とした二項ロジスティック回帰分析

	モデル 1			モデル 2			モデル 3		
	b	Exp(b)	SE	b	Exp(b)	SE	b	Exp(b)	SE
定数	0.781 **	2.184	0.243	0.937 ***	2.552	0.254	0.878 ***	2.407	0.257
出生コーホート（ref：1966-70)									
1971-75 年	-0.161	0.852	0.297	-0.105	0.900	0.300	-0.112	0.894	0.300
1976-80 年	-0.815 **	0.443	0.273	-0.774 **	0.461	0.275	-0.796 **	0.451	0.275
1981-86 年	-1.766 ***	0.171	0.275	-1.768 ***	0.171	0.277	-1.800 ***	0.165	0.278
親高等教育	-0.311 +	0.733	0.160	-0.236	0.790	0.164	-0.262	0.769	0.165
親の離婚経験	0.646 *	1.908	0.310	0.572 +	1.771	0.316	0.546 +	1.727	0.317
学歴（ref：高卒・専門卒)									
中学卒				0.018	1.018	0.813	-0.150	0.861	0.811
高等教育卒				-0.362 *	0.696	0.164	-0.350 *	0.705	0.164
初職非正規							0.307 +	1.360	0.177
-2 Log Likelihood	957.6			952.7			949.6		
χ^2 (df)	92.7(5) ***			97.7(7) ***			100.7(8) ***		
Nagelkerke R-square	0.153			0.160			0.165		
N	766			766			766		

(注) $+ p < .1$, $* p < .05$, $** p < .01$, $*** p < .001$

補表 4-2　既婚女性の転職経験を従属変数とした二項ロジスティック回帰分析

	モデル1			モデル2			(参考)			(参考)		
	b	Exp(b)	SE	b	Exp(b)	SE	b	Exp(b)	SE	b	Exp(b)	SE
定数	0.000	1.000	0.104	0.111	1.117	0.117	0.044	1.045	0.119	0.058	1.060	0.120
出生コーホート (ref : 1966-70)												
1971-75年	-0.090	0.914	0.144	-0.054	0.947	0.145	-0.061	0.941	0.146	-0.055	0.946	0.146
1976-80年	-0.307 +	0.735	0.173	-0.261	0.771	0.175	-0.249	0.780	0.176	-0.258	0.772	0.177
1981-86年	-0.868 *	0.420	0.346	-0.732 *	0.481	0.355	-0.671 +	0.511	0.356	-0.627 +	0.534	0.356
親高等教育	-0.242 +	0.785	0.145	-0.183	0.833	0.152	-0.173	0.841	0.153	-0.188	0.829	0.153
親の離婚経験	0.169	1.185	0.222	0.143	1.154	0.227	0.104	1.109	0.229	-0.103	0.902	0.249
学歴 (ref : 高卒・専門卒)												
中学卒				-0.120	0.887	0.481	-0.245	0.783	0.488	-0.406	0.667	0.514
高等教育卒				-0.185	0.831	0.135	-0.177	0.838	0.136	-0.167	0.846	0.136
初職非正規				-0.429 *	0.651	0.185	-0.473 *	0.623	0.187	-0.462 *	0.630	0.187
wave1 本人離婚経験							0.702 **	2.017	0.215	0.522 +	1.685	0.227
親の離婚経験×本人離婚経験										1.793 *	6.005	0.847
-2 Log Likelihood	1413.6			1406.2			1395.3			1389.5		
χ^2 (df)	13.2(5) *			20.6(8) **			31.5(9) ***			37.3(10) ***		
Nagelkerke R-square	0.017			0.026			0.040			0.047		
N	1035			1035			1035			1035		

(注) + $p < .1$, * $p < .05$, ** $p < .01$, *** $p < .001$

第 4 章

親の離婚経験者における離婚の世代間連鎖

4.1 先行研究の知見と問題の所在

4.1.1 離婚の世代間連鎖と貧困の世代的再生産

1 章においても確認してきたように、日本における有配偶離婚率は、男女ともに 1990 年から 2000 年にかけて大きく上昇し、その後はほぼ横ばい傾向にある（国立社会保障・人口問題研究所 2016, 2019, 2023）。年齢階級別にみると、男女とも有配偶離婚率は特に 19 歳以下や 20 〜 24 歳という若年層で上昇傾向にあり、上昇率も際立っている。そのような中で、離婚後の子どもの親権は母親のみが取得する場合が 84.9% と高く（父親のみは 11.5%）（厚生労働省政策統括官 2023: 41）、離婚の増加に伴って母子世帯も増加している。母子世帯数（親子以外の同居者が存在する場合も含む）は 1983 年の約 71.8 万世帯から 2016 年には約 123.2 万世帯に達しており[1]、そのうち離婚による母子世帯の割合は 49.1% から 79.5% へと増加し、約 8 割に達している（総務省統計局 2016; 厚生労働省 2017: 2; 厚生労働省 2022: 2）。

　子どもがいる場合には前述のように離婚後に母子世帯が形成されることがほとんどであるが、母子世帯における社会保障制度は死別と離別とでは異なり、死別母子世帯に対し、離別母子世帯ではその貧困削減効果は小さい。2012 年の配偶関係別の推計では、可処分所得による貧困率は死別母子世帯では約 34% であるのに対し、離別母子世帯では約 51% と、ひとり親世帯の中で貧困率が最も高い（田宮 2017: 25）。そのような離別母子世帯

と死別母子世帯の貧困率の差異の背景には、死別世帯のみに支給されうる遺族年金の存在が指摘される。日本や米国のひとり親世帯における貧困率の高さの背景には、そのような社会保障制度による貧困削減効果の低さがあると考えられる（田中・四方 2018）。米国では、ひとり親世帯で育つことや親の離婚を経験することは、子どもの成績や教育達成、社会経済的地位達成における不利、成人期の貧困につながりやすく、格差や貧困の再生産が生じていることが指摘されている（Amato 2010; McLanahan and Percheski 2008）。また、ひとり親世帯や離別世帯の出身者は、自身も離婚を経験する確率が高く、離婚の世代間連鎖の存在が確認されている（Glenn and Kramer 1987; McLanahan and Bumpass 1988 など）[2]。親の離婚と子どもの低い社会経済的地位との関連は、子ども自身の離婚を媒介として成立していることが指摘されており（Amato and Keith, B. 1991）、貧困の世代的再生産のメカニズムには子ども自身の離婚も介在していると考えられる。

　日本においてはそうした離婚の世代間連鎖を扱った研究はきわめて少なく（余田 2011; 安藏 2003; 斉藤知洋 2018a; 阿部 2017）、離婚の世代間連鎖が生じるメカニズムに至ってはほとんど明らかにされていない。前述のように、子どものいる世帯は離婚後に母子世帯になりやすく、離別母子世帯においては社会保障制度が十分な効果を有さず、貧困を経験しやすいことが知られている。つまり、日本においても離婚の世代間連鎖傾向が顕著な場合、子どもがいる世帯では母子世帯が世代的に再生産され、また貧困の世代的な再生産が生じると考えられる。離婚の世代間連鎖の存在とそのメカニズムを解明することは、貧困の世代的な再生産やそれにより子どもに生じる不利の要因を明らかにするうえでも重要である。本章では、そのような問題意識から、離婚の世代間連鎖の実態とそれを媒介するメカニズムを検討する。

4.1.2　離婚の世代間連鎖とそのメカニズム

　米国の先行研究では、離婚が世代間で連鎖することがしばしば指摘され

ており、ひとり親世帯や離別世帯の出身者は成人期に未婚・結婚前・早期の出産、同棲、早婚や離婚を経験する確率が高いとされる（Amato and Kane 2011; Glenn and Kramer 1987; Keith, V. and Finlay 1988; McLanahan and Bumpass 1988）。他方で、日本でも、15歳時に母子世帯、ひとり親世帯、離別世帯に所属していた者、子どもをもつ女性のうち親が離婚した経験がある女性は、自身も離婚する確率が高く（余田 2011; 安藏 2003; 斉藤知洋 2018a; 阿部 2017）、離婚の世代間連鎖が生じていることがうかがえる。しかしながら、余田翔平（2011）を除いては、離婚やひとり親の世代間連鎖を主要な検討課題とした研究は見られない。余田（2011）では、15歳時に父不在世帯に所属していた女性の離婚リスクは近年ほど高まっており、そうした変化は女性の学歴のみでは十分には説明されないことが示されている。

　米国の先行研究における離婚の世代間連鎖のメカニズムに関する主要な仮説は、以下の (1) ～ (4) に整理することができる。まず、子どもの教育達成や結婚の時期に着目した仮説がある。すなわち、子ども自身の (1) 低い教育達成に媒介されて離婚の世代間連鎖が生じる（Mueller, C. and Pope 1977; Bumpass et al. 1991 など）。これは教育達成の低さが経済的資源の不足、経済的困難からのストレス、夫婦間での問題解決のためのコミュニケーションの困難などと関連するためであるとされる（Amato 1996）。日本ではこうした過程を扱った経験的研究はほとんどないが、離婚が低学歴層で生じやすいことや（Raymo et al. 2004; 斉藤知洋 2018a; Raymo and Iwasawa 2017）、離別世帯出身者の教育達成が低いことは明らかにされており（稲葉 2011b, 2016）、日本でも低い教育達成を媒介とした離婚の世代間連鎖の存在が推測できる。

　第二に、(2) 早婚が媒介しているという仮説がある（Bumpass et al. 1991; Mueller, C. and Pope 1977; Teachman 2002; Feng et al. 1999 など）。この仮説は、(1) の教育達成の仮説と排他的ではなく、それら2つの併存を示す研究もある（Mueller, C. and Pope 1977; Bumpass et al. 1991）。早婚を媒介要因とする仮説は、ひとり親世帯や離別世帯の出身者は、若い年齢で結婚する

傾向にあり、そのことが離婚の発生確率を高めるとするものである。これは、早婚が経済的資源やソーシャル・サポートの不足、パートナーを探す期間の短さ、夫婦役割への適応の困難などを引き起こすためであるとされる（Mueller, C. and Pope 1977; White 1990; Booth and Edwards 1985）。ひとり親世帯出身者・親の離婚経験者が早婚に至りやすい理由は、早い段階で教育を離れること、早い時期での離家を経験すること、親の統制が限定される結果、仲間からの影響を受けやすく、若年での異性交際や家族形成を経験すること、などが指摘されている（Keith, V. and Finlay 1988; Amato and Kane 2011; McLanahan and Bumpass 1988 など）。日本においても早婚と離婚との関連については明らかされており（稲葉 2013; 斉藤知洋 2018a）、親の離婚経験者における早婚を媒介として、離婚の世代間連鎖が生じている可能性はある。

　第三に、子どもの社会化を媒介とする仮説 (3.1) 〜 (3.4) がある。まず、(3.1) 配偶者役割の不適切なモデリング（配偶者との関係を維持するためのソーシャルスキル不足）に原因を求める仮説がある（Amato 1996; Amato and Patterson 2017）。次に、結婚生活が離婚によって終わりやすいことを学んだ結果としての、(3.2) 結婚へのコミットメントの低さに原因を求める仮説がある（Amato and Deboer 2001; Glenn and Kramer 1987）。また、(3.3) 離婚した親の行動から、結婚生活に問題が生じた際の解決策として離婚を自ら選択する傾向が高い、あるいは自立したひとり親の母親の姿から、自身もひとり親となることを選択しやすいとする仮説[3]が挙げられる（Pope and Mueller, C. 1976; Greenberg and Nay 1982; McLanahan and Bumpass 1988）。さらに、(3.4) 社会的統制の不足に原因を求める仮説がある（McLanahan and Bumpass 1988）。具体的には、親による子への統制が不足することにより、異性交際やパートナー選択において仲間からの影響を受けやすく、結婚後にも親からのサポートが不足しがちであり、これらが結婚生活における困難につながりやすいという（Pope and Mueller, C. 1976; Mueller, C. and Pope 1977 など）。

最後に、親の離婚が子どもの離婚に影響を及ぼすことを説明する要因
として、以下の(4) 出身家庭に関する要因が指摘されている。具体的には、
出身家庭における資源や社会経済的背景、親の年齢・学歴、人種、宗教、
親子に共通のパーソナリティ、離婚前の両親の不仲、親子関係などの要因
である（Amato 1996; Amato and Deboer 2001; Amato and Patterson 2017; Pope
and Mueller, C. 1976; Amato and Booth 1991a など）[4]。本章では既存の仮説を
以上の4つに整理したが、その他にも、子の同棲経験や結婚前の出産等の
影響が指摘されることもある（Teachman 2002 など）。

4.2　分析と考察

4.2.1　仮説

　日本では、ひとり親世帯や離別世帯などの出身家庭の家族構造が子ども
自身の離婚に与える影響を検討した計量的な研究はわずかしかない。その
中で、2005 年 SSM 調査を使用した余田（2011）や JGSS-2000 を使用した
安藏伸治（2003）は、15 歳時の父または母の不在を指標として用いており、
死別と離別とを識別できないために離婚の世代間連鎖を厳密な形では検
証しえない。また、2015 年 SSM 調査を用いた斉藤知洋（2018a）と JILPT
のパネル調査を用いた阿部彩（2017）は、女性における出身家庭の離婚と
自身の離婚との関連に言及はあるが、離婚の世代間連鎖とそのメカニズム
そのものに焦点をあてているわけではない。前述のように、余田（2011）
を除いては、離婚やひとり親の世代間連鎖を主要な検討課題とした研究は
見られない。

　以下では、離婚の世代間連鎖の実態を明らかにしたうえで、先行研究に
おける諸仮説をもとに、そのメカニズムの検討を行う。その際に、前述の
仮説 (1) 〜(4) の中でも、(1) 子ども自身の低い教育達成に媒介されて世代間
連鎖が生じる、という仮説と、(2) 早婚に媒介されて世代間連鎖が生じる、
という仮説の検証を行う。

仮説 (1)、(2) を検討する理由は以下の通りである。先に日本の若年層における有配偶離婚率の上昇を確認したが、早い年齢段階、すなわち教育達成が低い状態で結婚し、離婚を経験している若年層が見られた。仮説 (1) の子どもの低い教育達成や、仮説 (2) の早婚は、それぞれ単独でも子世代における社会経済的地位達成の不利、つまり貧困・格差を生み出すことが想定される。他方で、親の離婚が子世代の貧困・低所得へ与える影響は、子の婚姻上の地位の効果のほかに、低い教育達成を媒介しての効果が大きいとされている（Amato and Keith, B. 1991)。これらの理由から、貧困・格差の形成・再生産を考えるうえでは仮説 (1) 〜 (4) の中でも、特に仮説 (1)、(2) を検討することが重要である。仮説 (3) の社会化に関連する要因、仮説 (4) の出身家庭に関連する要因も検討が必要であるが、これらの仮説に対応する変数すべてを含むデータは管見の限りでは存在しないため、今回は扱わない。

なお、(4) 出身家庭に関する要因のうち、特に出身階層の影響は重要な要因であるため、親の学歴を代理的な指標として用い、統制変数として使用する。出身階層の指標として 15 歳時の父親の職業や暮らし向きを投入することも考えられるが、離婚の世代間連鎖の過程を検討する際にはそうした変数が親の離婚前の情報であることが必要とされる。離婚直前の収入や職業は長期間にわたるパネル調査でなければ把握することは困難であるため、本章では出身階層の代理的な指標として、親の離婚前には完了していると考えられる、親の学歴を用いる。また、子の離婚経験についても同様に、離婚直前の収入や職業は把握できないために、分析に用いることはできない。

4.2.2　データと分析方法

データの制約もあるものの、本章では、親の離婚経験および本人の離婚経験に関する情報が得られる、「働き方とライフスタイルの変化に関する全国調査（JLPS)」の若年パネル調査、壮年パネル調査の 2007 〜 2013

年（wave1 〜 7）の合併データを用いる。ただし、本章では基本的には wave1 の回顧式の質問項目を用い、パネルデータとしては利用していない。wave2 以降で結婚・離婚や学歴達成が新たに生じた場合や、wave1 での欠損値が wave2 以降の回答で補える場合のみ、補足的に wave2 〜 7 のデータを用いている。なお、追加サンプルは使用せず、分析には、使用する変数に欠損値がなく、結婚経験がある場合に結婚年齢が明らかなケースのみを用いる[5]。最終的な欠損値を含まないデータは男性 2,014 人、女性 2,138 人であり、分析ではそのうち結婚経験がある男性 1,104 人、女性 1,422 人を対象とする。

　現在公開されているデータのうち、世代的な離婚の連鎖を検討できる全国調査データには JGSS-2009LCS や NFRJ03 があるが、親の離別が識別できるのは両親ともに生存している場合のみである。また、親の再婚後の情報を回答している場合には、親の再婚前の離婚経験は把握できない可能性がある。それに対し、JLPS のデータでは、親の離婚を経験しているか否かが測定されているため、親の離婚経験者を識別できる。同時に、子ども（回答者）自身の離婚経験の有無も測定されているため、離婚の世代間連鎖を検討することができる。この点が、JLPS のデータを選択した主要な理由である。平成 27 年国勢調査の離別者割合と比較すると、本データの wave1 の離別者（wave1 の配偶関係が離別の者）の割合は、男女とも若年層でやや低い傾向にあるが[6]、偏りが大きいというほどではなく、離別者を一定数捉えることができると考えられる。

　分析においては以下の変数を用いた。まず、出生コーホートは、1966-70 年、1971-75 年、1976-80 年、1981-85 年の出生に分類した（分析での基準カテゴリーは 1966-70 年）。子の学歴に関しては、中学卒、高卒・専門卒、高等教育（短大・高専以上）卒のカテゴリー変数によって定義した[7]（基準カテゴリーは高卒・専門卒）。親の学歴は、父母の最終学歴（卒業／中退の別は不明）を用い、どちらかが短大・高専卒以上の場合に「親高等教育」とするダミー変数を作成した。他の章と同様に、サンプルサイズの問題に加

え、親の離婚の時期がわからず、自身が育った世帯について母子世帯、父子世帯、二人親世帯の区別ができないというデータの制約があるため、このような操作化せざるをえない[8]。

　次に、親の離婚経験については、wave1 の調査票において、「親が離婚した」（という経験がある）を選択している場合に、「親の離婚経験あり」とするダミー変数を作成した。子（回答者本人）の離婚経験については、wave1 時点までの離婚経験（「自分が離婚した」）、wave3 〜 7 の各 wave の過去 1 年間の離婚経験、および wave1 〜 7 の婚姻状態が「離別」の場合をあわせて、「子の離婚経験」というダミー変数を作成した。早婚は、男女ともに結婚可能年齢から 4 年間の結婚、すなわち、男性は 18 歳から 21 歳までの期間内の結婚、女性は 16 歳から 19 歳までの期間内の結婚とした[9]。なお、前述のように、分析では主に wave1 で測定された項目を用いているが、子の学歴、離婚経験、早婚の各変数については、補足的に wave2 以降の回答を用いている[10]。

　分析にあたっては、データの制約上、以下の三つの点に留意しなければならない。まず、子（回答者）の離婚の時期については、wave1 〜 7 の間のみに生じた離婚しか特定できず、それ以外の離婚は時期を特定できないため、把握できるのは離婚経験の有無のみである。このため、データの制約によりイベントヒストリー分析を行うことはできず、以下の分析では、結婚経験者に限定し離婚経験の有無を従属変数とした二項ロジスティック回帰分析を用いる。この結果として、早婚が離婚に与える効果のうち、早婚であるがゆえに「結婚期間が長いために離婚が観察されやすい」効果と「若年での結婚であるために離婚が発生しやすい」効果とを識別できないという問題が生じる。しかし、結婚は初期段階において離婚リスクが高く、結婚継続年数が長くなるにつれ離婚リスクは減少するため（Raymo et al. 2004）、前者の結婚期間が長いがゆえに離婚が多く観察される効果は後者の効果に比較すると小さいと推測できる。このことから早婚が離婚に与える効果は「若年での結婚であること」によるものが主要な効果であると

考えられる。次に、分析は結婚経験者に限定するために、若年層においては比較的若くに結婚している層に観察対象を偏らせるバイアスが働く[11]。また、未婚であるが今後比較的高い年齢で結婚しうるケースは分析の対象外となっている。この点についての可能な対応としては、モデルにおいて出生コーホートを統制することしかできず、十分なものではないが、これらの問題点については、今後他のデータを用いて再度検討していくことが求められる。最後に、親の離婚の時期が確定できず、子の離婚以降に親の離婚が発生している可能性を排除できないという問題がある。しかしながら、離婚に関する先行研究からは（Raymo et al. 2004）、離婚の約9割は15年以内に発生し、20年を過ぎるときわめて少ないと推定される。そのため、稲葉昭英（2016）と同様に、親の離婚の経験が子の教育達成や結婚よりも前に生じていると仮定して分析結果を解釈する。

　分析では、まずクロス集計により、親の離婚経験と子（回答者）の離婚経験との関連を確認する。次に、親の離婚経験と、媒介変数として設定した子の学歴と早婚の二変数との関連を確認する。最後に、それらの変数を用いて子の離婚経験を従属変数とした二項ロジスティック回帰分析を行う。モデル1では、出生コーホート、親の学歴を統制したうえで、親の離婚経験者が離婚を経験する傾向がみられるかどうかを検討する。この傾向が確認された後に、この傾向を説明する仮説の検証を行うために、媒介変数を導入してその効果を検討する。モデル2において子の学歴、モデル3において早婚を投入することで、先行研究で指摘されている低い教育達成および早婚の効果を検討する。

4.2.3　記述的分析

　分析対象を結婚経験者（欠損値を除く全ケースのうち男性の54.8%〔1,104/2,014〕、女性の66.5%〔1,422/2,138〕）に限定し、親の離婚経験の有無別に記述統計量を検討した（表9）。まず、親の学歴については、親の離婚経験者は、非経験者に比べ、親の学歴が高等教育（短大・高専以上）であ

る割合がやや低かったが、有意差は検出されなかった。なお、補足的な分析の結果、子（本人）の結婚経験については、親の離婚経験者は結婚経験率がやや高いが、男性は 10% 水準での有意差にとどまり、女性では有意差は認められなかった。

　次に、クロス集計によって親の離婚経験の有無別に子の離婚経験を比較した（表10）。男性の離婚経験は、親の離婚非経験者では 8.9% であるのに対し、経験者では 24.1% であり、統計的に有意な差が見られた（$p<.001$）。女性においても同様に、離婚経験は、親の離婚非経験者では 9.7% であるのに対し、経験者では 20.9% であり、有意な差が示された（$p<.001$）。以上の結果より、親の離婚経験がある場合に、その子どもにも離婚経験者の比率が高い傾向があり、離婚の世代間連鎖と整合的な結果が示された。

　最後に、離婚の世代間連鎖のメカニズムについての分析を行うために、親の離婚経験と、媒介変数として用いる子の学歴および早婚の各変数との関連を確認する。まず、クロス集計の結果（表9）、親の離婚経験者は非経験者に比べ、男女ともに中学卒と高卒・専門卒の割合が高く、高等教育卒の割合が低い（$p<.001$）。非経験者では男女とも高等教育卒は約半数であるが、親の離婚経験者ではこの数値は男性で 28.7%、女性で 23.3% と少ない。この結果は、離別世帯やひとり親世帯で子どもの教育達成が低いという先行研究の知見と一致する。同様に、親の離婚経験者は非経験者に比べ、男女とも早婚の割合が高い（表9）。ここでの早婚の分析に関しては、既婚者に限定した分析となっているが、データでは結婚経験の有無だけでなく、結婚時期に関する情報の詳細も得られているため、結婚生起に関するイベントヒストリー分析を行うことができる。そのため、早婚に関しては、既婚者に限定した分析となっていることを考慮し、補足的に未婚者も含めた結婚生起のタイミングに関する離散時間ロジット分析を行い（章末の補表1-1、補表1-2）、親の離婚経験の効果を検討した。その結果（章末の補表1-1、補表1-2）、記述的な分析の結果と同様に、親の離婚経験者は男女ともに結婚タイミングが早い傾向にあった。以上より、媒介変数として用いる子の

表 9　親の離婚経験の有無別にみた記述統計量（結婚経験者に限定）

	全体	親の離婚なし	親の離婚あり	χ^2 値
親の学歴				
親どちらか高等教育	29.8%	30.3%	25.7%	2.11
	(754)	(693)	(61)	
N	2526	2289	237	
子の学歴				
男性　中学卒	4.7%	3.4%	16.7%	
	(52)	(34)	(18)	
高卒・専門卒	44.7%	43.6%	54.6%	50.37 ***
	(493)	(434)	(59)	
高等教育卒	50.6%	53.0%	28.7%	
	(559)	(528)	(31)	
N	1104	996	108	
女性　中学卒	2.2%	1.7%	7.0%	
	(31)	(22)	(9)	
高卒・専門卒	51.4%	49.6%	69.8%	40.67 *** (a)
	(731)	(641)	(90)	
高等教育卒	46.4%	48.7%	23.3%	
	(660)	(630)	(30)	
N	1422	1293	129	
子の早婚				
男性（18-21 歳での結婚）	4.6%	3.7%	13.0%	18.91 *** (a)
	(51)	(37)	(14)	
N	1104	996	108	
女性（16-19 歳での結婚）	2.5%	2.0%	7.8%	15.67 *** (a)
	(36)	(26)	(10)	
N	1422	1293	129	

（注）% 下の括弧内は n。+ $p<.1$, *$p<.05$, **$p<.01$, ***$p<.001$　（a）1 セル期待度数 5 未満のため参考値。

表 10　親の離婚経験の有無別にみた子の離婚経験率

	親の離婚有無別の子の離婚経験率			
子の性別	全体	親の離婚なし	親の離婚あり	χ^2 値
男性	10.4%	8.9%	24.1%	23.93 ***
	(115)	(89)	(26)	
N	1104	996	108	
女性	10.8%	9.7%	20.9%	15.28 ***
	(153)	(126)	(27)	
N	1422	1293	129	

（注）% 下の括弧内は n。　***$p<.001$

学歴、早婚の双方において、親の離婚経験との間に想定通りの関連が確認された。

4.2.4　離婚の世代間連鎖とそのメカニズムに関する分析

　本項では、子の離婚経験を従属変数とした二項ロジスティック回帰分析を行い、離婚の世代間連鎖とそのメカニズムを検討する。まず、表 11-1（男性）、表 11-2（女性）のモデル 1 では、男女ともに親の学歴を統制しても、親の離婚経験がない場合と比較して、親の離婚経験がある場合には、離婚を経験する確率を高める効果が示された（男性ではオッズ比が約 3.3 倍、女性では約 2.4 倍）。

　次に、モデル 2 とモデル 3 において、子の学歴と早婚の効果を検討する。まず、モデル 2 では、高卒・専門卒に対して、中学卒である場合に離婚を経験する確率を高める効果が示された（オッズ比は男性では約 3.4 倍、女性では約 4.6 倍）。さらに、モデル 3 において、早婚の変数を投入したところ、早婚である場合にはそうでない場合に比して離婚を経験する確率を高める効果が示された（オッズ比は男性では約 2.8 倍、女性では約 4.0 倍）。モデル 3 において中学卒ダミーの係数値が低下しており、中学卒である場合の離婚経験確率を高める効果の一部は早婚を媒介していることがわかる。したがって、本章の主要な検討課題ではないが、属性と離婚経験確率との関連に関しては、以下のような変数の効果が示された。すなわち、親の離婚経験の効果が存在する一方で、それとは独立に、中学卒、早婚が離婚経験確率を高めている。また、中学卒の効果の一部は早婚を媒介することで生じている。なお、男女差については、親の学歴が女性のモデル 1 でのみ 5% 水準で有意であり、その効果の一部は女性自身の学歴による媒介を示唆していた。

　本章の主要な検討課題である親の離婚経験の効果を係数値の変化から見てみると、男女ともに学歴と早婚を投入することでそれぞれ効果が減少しており、親の離婚経験の効果の一部は、子の学歴と早婚を媒介して成立し

表 11-1 子の離婚経験を従属変数としたロジスティック回帰分析（男性、結婚経験者）

	モデル1			モデル2			モデル3		
	b	Exp(b)	SE	b	Exp(b)	SE	b	Exp(b)	SE
定数	-2.099 ***	0.123	0.171	-2.031 ***	0.131	0.196	-2.078 ***	0.125	0.198
出生コーホート（ref.: 1966-70)									
1971-75 年	0.006	1.006	0.230	-0.011	0.989	0.233	-0.057	0.944	0.235
1976-80 年	-0.411	0.663	0.290	-0.372	0.689	0.292	-0.415	0.661	0.293
1981-86 年	-0.697	0.498	0.426	-0.844 +	0.430	0.439	-1.080 *	0.340	0.461
親高等教育	-0.330	0.719	0.232	-0.101	0.904	0.245	-0.059	0.942	0.245
親の離婚経験	1.196 ***	3.308	0.253	0.928 ***	2.529	0.267	0.861 **	2.366	0.271
学歴（ref.: 高卒・専門卒)									
中学卒				1.236 ***	3.442	0.337	1.085 **	2.959	0.348
高等教育卒				-0.417 +	0.659	0.228	-0.356	0.700	0.230
子の早婚							1.036 **	2.818	0.375
-2 Log Likelihood	710.9			691.9			684.9		
χ² (df)	26.9 (5) ***			45.9 (7) ***			52.8 (8) ***		
Nagelkerke R-square	0.049			0.084			0.096		
N	1104			1104			1104		

（注）+ p< .1, *p< .05, **p< .01, *** p< .001

表11-2　子の離婚経験を従属変数としたロジスティック回帰分析（女性、結婚経験者）

	モデル1			モデル2			モデル3		
	b	Exp(b)	SE	b	Exp(b)	SE	b	Exp(b)	SE
定数	-1.997 ***	0.136	0.151	-1.973 ***	0.139	0.165	-1.998 ***	0.136	0.166
出生コーホート (ref.: 1966-70)									
1971-75 年	-0.056	0.945	0.206	0.004	1.004	0.208	-0.034	0.966	0.209
1976-80 年	-0.142	0.868	0.238	-0.151	0.860	0.243	-0.246	0.782	0.247
1981-86 年	-0.619 +	0.538	0.337	-0.715 *	0.489	0.344	-0.863 *	0.422	0.357
親高等教育	-0.465 *	0.628	0.217	-0.322	0.725	0.225	-0.346	0.707	0.227
親の離婚経験	0.889 ***	2.433	0.238	0.739 **	2.095	0.247	0.679 **	1.973	0.251
学歴 (ref.: 高卒・専門卒)									
中学卒				1.525 ***	4.595	0.402	1.310 **	3.705	0.416
高等教育卒				-0.255	0.775	0.193	-0.170	0.844	0.196
子の早婚							1.374 **	3.950	0.399
-2 Log Likelihood	947.7			931.9			921.4		
χ^2 (df)	23.4 (5) ***			39.2 (7) ***			49.7 (8) ***		
Nagelkerke R-square	0.033			0.055			0.069		
N	1422			1422			1422		

（注）+ $p<.1$, * $p<.05$, ** $p<.01$, *** $p<.001$

ていることが示唆される。他方で、モデル3においてそれらを投入しても親の離婚経験が子の離婚経験に与える効果は有意なまま維持されており、子の学歴の低さと早婚だけが離婚の世代間連鎖を説明するわけではなく、本分析では扱いえていない他の要因が関与していることがわかる。また、親の離婚の効果の男女差を検討するために、男女を合併したモデルにおいて、性別と親の離婚経験との交互作用項を追加した分析を補足的に行ったが、有意な効果は確認されなかった。

　早婚や学歴について補足的にデータから示唆されることを確認すると、親の離婚経験者の女性は本人だけでなく配偶者の学歴も低いこと、女性の10代の結婚のうちの一部は妊娠先行婚の可能性があることが挙げられる。配偶者の学歴[12] に関しては、親の離婚経験者の女性に配偶者の学歴が中学、高校の割合が高く、高等教育の割合が低い傾向がみられる[13]。本データでは検討することができないが、親の離婚経験者の女性が自身の学歴の低さを媒介として離婚を経験しやすい背景には、配偶者の学歴の低さもあると考えられる。次に、結婚年と第1子の出産年との関連を検討したところ、女性の10代での結婚（$n=36$）の多くは結婚年と出産年との差が0～1年（$n=28$）であった[14]。データの制約により、結婚年および出産年の詳細を正確に検討することはできないが、女性の10代での結婚の一部は妊娠先行婚であることも考えられる。

　以上の分析の結果、離婚の世代間連鎖における親の離婚経験の効果は、学歴や早婚による媒介効果を示唆したものの、学歴と早婚のみで説明されるわけではなく、その他の要因を媒介している可能性があると言える。最後に、補足的な分析により、その他の要因の可能性として、社会化の仮説のうちの一つである、離婚した親の行動や、自立したひとり親の母親の姿をモデリングすることで、結婚生活に問題が生じた際の解決策として、自身も離婚やひとり親となることを選択しやすいとする仮説[15]（Greenberg and Nay 1982; McLanahan and Bumpass 1988）の一部について検討する。データの制約により、離婚を肯定する意識が実際の自身の離婚行動へとつな

表12　離婚への肯定意識を従属変数とした重回帰分析（男女別、未婚者・既婚者を含む）

	男性 b	男性 β	女性 b	女性 β
	\multicolumn{4}{} 従属変数 離婚への肯定意識（1〜5）			
切片	3.99 ***		4.16 ***	
出生コーホート（ref.: 1966-70）				
1971-75 年	-0.01	0.00	0.08	0.03
1976-80 年	-0.15 +	-0.05	0.03	0.01
1981-86 年	-0.18 *	-0.07	-0.16 *	-0.07
親高等教育	0.03	0.01	0.05	0.02
親の離婚経験	0.10	0.03	0.21 *	0.06
学歴（ref.: 高卒・専門卒）				
中学卒	-0.03	-0.01	0.05	0.01
高等教育卒	-0.09	-0.04	0.01	0.00
結婚経験（離婚への意識回答時点）	-0.18 **	-0.08	-0.15 **	-0.07
離婚経験（離婚への意識回答時点）	0.27 *	0.05	0.16	0.03
Adjusted R-square	0.005 *		0.007 **	
N	1891		2060	

（注）b は非標準化偏回帰係数、β は標準化偏回帰係数。+ $p<.1$, * $p<.05$, ** $p<.01$, *** $p<.001$

がっているのかは検討することができないが、wave1 において尋ねられている、「不幸せな結婚生活を続けるくらいなら、離婚した方がよい」という項目への回答[16] を用いて、親の離婚経験者が離婚に肯定的である可能性について検討する。補足的な分析の結果（表12）[17]、男性では、本人に離婚経験がある場合に離婚に肯定的な考えを有する傾向にはあったが、親の離婚経験による有意差は見られなかった。その一方で、女性においてのみ、「本人自身の結婚や離婚の経験を統制しても」（離婚への意識を回答した時点で結婚や離婚の経験があることが離婚への意識に及ぼす影響を考慮してもなお）、親の離婚を経験している場合に離婚に肯定的な考えを有する傾向が示された。したがって、離別世帯出身者は離婚に寛容な態度を示す傾向があるとする先行研究とも整合的な結果が得られたと言える（Greenberg and Nay 1982; Amato and Booth 1991b）。

　しかしながら、パネル調査期間中に離婚の発生を多く含むような長期的

なデータではないため、前述のように離婚への肯定的な意識が実際の離婚行動をもたらしたのかどうかは検討することができない。また、データからは離婚への肯定的傾向が離婚した親の行動に影響されて生じたものなのか、そうした影響ではなく単に母子世帯で育ったことによって生じたものなのかは判別することができない。ただし、女性においてのみ親の離婚経験者に離婚への肯定傾向が見られたことからは、母子世帯出身者の女性がひとり親の自立した母親の姿を見て育つことで、結婚生活に問題が生じた際の解決策として、自身もひとり親となることを選択しやすくなる、とする仮説と整合的であると言えるかもしれない。

　男性については、親の離婚経験は離婚への肯定的な意識に対して有意な効果を示さなかったものの、補足的な分析においては（章末の補表2）、15歳時の家庭の雰囲気が温かかったか、成人期において親との関係に満足しているか[18]によって親の離婚経験の効果が異なる可能性が示された。すなわち、家庭の雰囲気や親との関係の満足度の主効果については、それぞれ15歳時の家庭の雰囲気が「暖かかった」場合、成人期における親との関係に「満足している」場合には、離婚には「肯定的ではない」傾向が見られた。それに対し、親の離婚経験との交互作用効果はそれぞれプラスであり、親の離婚経験があり15歳時の家庭の雰囲気が「暖かかった」場合、親の離婚経験があり現在の親との関係に「満足している」場合に、離婚に「肯定的である」傾向が見られた。男性においては、親の離婚経験があっても、15歳時の家庭の雰囲気が暖かかった場合や、親との関係に満足している場合に、離婚に対して肯定的である可能性が示唆されたが、データにおけるいくつかの制約もあるため[19]、さらなる解釈には他のデータを用いた検討が必要である。

4.2.5　離婚の世代間連鎖に関する考察

　本章では、親の離婚経験が及ぼす効果についてより厳密な指標を用いて離婚の世代間連鎖を分析した。まず、親の離婚非経験者と比較して、親の

離婚経験者は、男女ともに学歴が低い傾向、早婚に至りやすい傾向が見られた。なお、早婚については、結婚生起のタイミングに関する離散時間ロジット分析においても、親の離婚経験者では結婚タイミングが早い傾向が確認された。また、多変量解析の結果、親の学歴を統制しても、親の離婚経験は子の離婚を経験する確率を高める効果を有しており、日本においても男女ともに離婚の世代間連鎖が存在することが示された。離婚が世代的に再生産される経路としては、男女とも低い教育達成、早婚が媒介要因となっていることが示唆された。離婚の世代間連鎖のメカニズムとして、米国の先行研究において示されている低い教育達成および早婚による媒介と整合的な結果が日本においても示されたと言える。

　しかしながら、米国では同棲や未婚での出産が少なくないなど、結婚を前提とした日本の早婚の結果とはやや異なる状況もあるだろう。加えて、親の学歴、子の学歴と早婚を統制したモデルにおいても、男女とも親の離婚経験の効果は有意なままであり、子の学歴と早婚の二要因によって離婚の世代間連鎖のすべてが説明されたわけではなかった。この点については、先行研究で挙げられるような社会化に関連した仮説などの要因が媒介している可能性がある。補足的な分析の結果、親の離婚経験者の女性において離婚に肯定的である傾向が示された。この結果は、離婚した親の行動や自立したひとり親の母親の姿をモデリングすることで、自身も離婚やひとり親を選択しやすくなるという仮説と整合的であると言える。その他の可能性として、親の離婚経験者の女性は本人の学歴が低い傾向にあるだけではなく、配偶者の学歴も低い傾向にあるため、本人の学歴だけでは把握できていない配偶者の学歴の効果が存在する可能性がある。また、再婚ケースを含むことで早婚の効果が過小に推定されていることや、親の学歴だけでは階層的要因が十分に把握しえない可能性も考えられる。これらの効果については、今後さまざまなデータを用いた分析が必要である。

　さらに、本章の分析結果からは、主要な検討課題である離婚の世代間連鎖を生み出す要因の他に、どのような属性をもつ個人が離婚を経験しやす

いのかについても間接的に示唆を得ることができた。男女とも中学卒である場合に離婚を経験する確率を高める効果があり、その効果の一部は早婚を媒介して成立していることが示された。また、補足的に女性の 10 代での結婚と出産との関連を確認したところ、女性の 10 代での結婚の一部は妊娠先行婚であることも示唆された。中学卒や早婚が全体の中で占める割合は、本データにおいても低いが、近年の高学歴化や晩婚化の傾向の中で、こうした非常に限定された人々において離婚が経験される確率が顕著に高いことがわかる。こうした人々は教育達成や地位達成の低さ、早婚、離別後のひとり親世帯の形成などに伴う、ライフコース上のさまざまな不利を累積的に経験している可能性がある。分析結果からは、特に女性において親の学歴と子の離婚に関連が示され、その関連の一部は子の学歴による媒介を示唆していた。親の学歴の効果の男女差は、男性のサンプル数が少ないために第 2 種の過誤が生じている可能性も否定できないが、一方で女性において出身階層の不利が教育達成の不利や離婚によりつながりやすくなっているとも考えられる。本データでは、男女差について詳細な検討をすることはできず、この点は今後の検討課題である。

　加えて、今回の分析では、親の離婚経験者自身が育った世帯の詳細（父子世帯、母子世帯、再婚世帯など）は判別できず、また対象者自身の離婚経験が子どもの誕生後に生じたものであるのかどうかも確定的ではない。しかしながら、離婚後の親権は母親のみが取得することがほとんどであり（厚生労働省政策統括官 2023: 41）、親の離婚によって母子世帯が形成され、母子世帯出身者が教育達成の不利や早婚、自身の離婚を経験し、子どもがいる場合に母子世帯が再び形成される、といった離婚の世代間連鎖およびその結果としての母子世帯の再生産が生じていることが示唆される。先行研究では、離別母子世帯の貧困率が高いだけでなく（田宮 2017）、若年層のひとり親の女性は貧困リスクが特に高いことも示されており（鹿又 2014a）、本章で検討したように、低学歴、早婚を媒介として離婚を経験している場合には、子どもがいる場合に若年での離別のひとり親世帯となり、

貧困リスクが高くなる可能性も考えられる。

前述のように、日本ではひとり親世帯、特に離別母子世帯における貧困はいまだに大きな社会的な問題となっている。誤解してはならないのは、離婚が問題なのではなく、離婚経験者やその子どもにさまざまな不利が生じる社会のあり方が解決されるべき問題であるということである。その点では、母子世帯に対する社会保障制度を充実させていくことは不可欠であり、他の世帯の子どもとの教育達成などの格差を社会政策によって解消していくことも望まれる。離婚の世代間連鎖の一部は教育達成の低さを媒介していたことから考えれば、教育達成に見られる格差の解消は離婚の世代間連鎖を弱める効果を有すると考えられる。

最後に、本章では親および子の離婚経験、中学卒、早婚など、ケース数が少ない対象を扱っており、サンプルサイズが不十分であるという限界がある。この点については、今後、より大規模な調査データによる分析が求められる。また、前述の母子世帯と父子世帯の区別、サンプルの偏り、および早婚の効果の測定などの問題への対応についても、今後の研究の課題としたい。

■注

1) 国勢調査による母子世帯数は、平成22年および平成27年のみ、祖父母等の他の世帯員と同居している場合の母子世帯も含む母子世帯数も明らかになっているが、それ以前の値は母子のみの場合の母子世帯数しかわからず、他の世帯員を含む母子世帯数の推移をみることができない。そのため、「全国ひとり親世帯等調査」および「全国母子世帯等調査」における母子世帯数は限られた調査区内の結果からの推計であるためにやや正確さには欠けるが、大まかな母子世帯数の推移を確認するためにこれらの数値を用いている。

2) 米国において最も研究の蓄積が多いが、親の離婚と子どもへの影響、離婚の世代間連鎖はヨーロッパ諸国においても確認されている（Amato and James 2010）。

3) 同棲、未婚での出産、離婚などに影響を与えるような価値観を非伝統的な価値観として整理する場合もある（Amato and Kane 2011; Amato and Patterson 2017など）。

4) 離婚前の両親の不仲は、結婚へのコミットメントの低さの仮説を検討する際に用いられることもある（Amato and Deboer 2001）。加えて、離婚の世代間連鎖の直接的な要因としては本章では取りあげなかったが、ストレスや情緒的不安定性が、対人関係、メ

ンタルヘルス、低い教育達成や早い離家、若年での交際や家族形成等に影響を与え、離婚の発生確率を高めるとする説もある（Glenn and Kramer 1987; Amato and Patterson 2017 など）。

5）結婚経験が複数回ある場合には、本データでは wave1 時点での直近の結婚年齢が回答されている。そのため、wave1 までに再婚経験があるケースについては（男性 n=50〔4.5%〕、女性 n=47〔3.3%〕）、最初の結婚年齢が「早婚」に反映されず、早婚の効果が過小に推定されている可能性がある。再婚のケースを除外することも考えられるが、対象者の偏りが大きくなるため、本章では除外せずに分析を行っている。

6）JLPS 分析データにおける wave1 の離別者割合と国勢調査の離別者割合（総務省統計局 2018: 69）は、20 〜 24 歳男性では JLPS 0.0%（国勢調査 0.2%）、女性 0.3%（0.6%）、25 〜 29 歳男性 0.5%（0.9%）、女性 1.9%（2.3%）、30 〜 34 歳男性 1.6%（2.0%）、女性 4.2%（4.2%）、35 〜 39 歳男性 3.3%（3.1%）、女性 5.6%（6.1%）である。

7）中退の場合には、それ以前に卒業している学校を最終学歴とした。在学中・無回答である場合、wave2 でより高い学歴達成が生じた場合には補足的に wave2 の情報を用いた。また、wave2 を用いてもなお卒業有無が判明しない場合や wave2 で卒業見込みの場合には卒業とみなした。

8）離別後の子への貢献度が高い親を判別し、かつ両親の学歴を統制することが望ましいとの見方もあるが、基本的には本データではどちらの親の貢献度が高いかは判断できない。また、本章の分析ケースにおける親の学歴が片方しか回答されていない割合は、親の離婚非経験者では 4.3% であるが、親の離婚経験者では 4 分の 1 近く（24.1%）であり、こうした点でも「どちらかの親が高等教育」という指標を設定せざるをえない。

9）米国の先行研究では女性の 10 代での早婚や結婚年齢を分析に用いることもある。しかし、男性では 10 代を早婚とすると 18 歳、19 歳の 2 年間での結婚となり、かなりケースが少なくなるため、今回は男女とも結婚が可能な年齢から 4 年間での結婚を早婚とした。また、早婚の効果を確認するため、本章では結婚年齢ではなく早婚のダミー変数を使用した。

10）本研究では、ケース数を確保することが難しい、親の離婚経験者を対象としているため、このような方法をとっている。なお、wave1 〜 7 で複数の結婚年齢（または結婚年）を回答している場合には、最も若い年齢を早婚の変数に用いているが、結婚年齢が男性で 17 歳以下、女性で 15 歳以下の場合には欠損値とした。

11）このバイアスが及ぼす影響を確定することは難しいが、若年層では結婚からの経過年数が短く、離婚リスクが高い者が離婚せずに結婚を継続している可能性は否定できない。こうした人々が多く分析対象になっている場合には各要因が離婚に及ぼす効果は、実際よりも過小に推定されている可能性がある。一方で若年既婚者は他の年齢の既婚者よりも早婚であるために離婚リスクが高いとすれば、各要因の効果は過大に推定されている可能性もある。

12）配偶者の学歴には、以下の 3 点のデータの制約があるために、モデルに加えて分析を行うことはできない。一点目として、配偶者の学歴は wave1 および wave7 でのみ尋ね

られているため、wave2 ～ wave6 の間に結婚し、wave7 に回答していない場合には配偶者の学歴に関する回答が得られていない。二点目に、離死別後に再婚している場合には、再婚相手の学歴が回答されているために、初婚時の元配偶者の学歴については判別できない。三点目に、離死別後に再婚しておらず、wave1 の配偶関係が離死別である場合には、ほとんどのケースにおいて現在「配偶者はいない」と回答しており、元配偶者の学歴に関する情報が得られない。

13）配偶者の最後に通った学校について回答している女性に限定することにはなるが、親の離婚経験者の女性では、配偶者の学歴が中学 11.0%、高校 45.0%、専門学校 13.0%、高等教育（高専・短大以上）31.0% であるのに対し、親の離婚を経験していない女性では、中学 3.1%、高校 33.4%、専門学校 14.7%、高等教育 48.8% である。

14）ただし、結婚年と出産年はそれぞれ年（または年齢）のみの回答であるために、その年の何月であるかはわからず、データの制約により、正確には何か月であるかは算出することができない。

15）自立したひとり親の母親の姿から、自身もひとり親となることを選択しやすいという仮説については、母子世帯出身者の女性についての仮説である。

16）そう思わない、どちらかといえばそう思わない、どちらともいえない、どちらかといえばそう思う、そう思うを 1 ～ 5 として分析を行った。

17）離婚への肯定意識に関しては、未婚者・既婚者を含むこと、離婚への考えを回答していない場合には欠損値となっていることにより、他の分析とケース数は異なる。

18）章末の補表 2 の家庭の雰囲気の変数を入れたモデル 1 は、15 歳時の家庭の雰囲気を回答しているケースのみ分析可能であるため、表 12 よりケース数が少なくなっている。また、成人期における親との関係の満足度については、データの制約により、wave3 時点での親との関係における満足度に関する質問項目であることには留意が必要である。そのため、章末の補表 2 のモデル 1 とモデル 2 についても、ケース数は異なる。

19）親の離婚経験の多くは、15 歳時の家庭の雰囲気の前に生じていると考えられるが、前後関係については確定的ではない。また、親との関係の満足度についても、wave3 の項目であることに加え、どちらの親との関係かは明確ではないこと、関係そのものの良好度ではなく、満足度であることなどの制約がある。

補表 1-1　男性の結婚生起に関する離散時間ロジットモデル

	モデル1			モデル2			モデル3		
	b	Exp(b)	SE	b	Exp(b)	SE	b	Exp(b)	SE
定数	-3.699 ***	0.025	0.101	-3.766 ***	0.023	0.105	-3.781 ***	0.023	0.106
経過年 t	0.177 ***	1.194	0.009	0.185 ***	1.203	0.010	0.188 ***	1.207	0.010
経過年 t²	-0.024 ***	0.976	0.001	-0.024 ***	0.976	0.001	-0.025 ***	0.975	0.001
出生 (ref.: 1966-70)									
1971-75 年	-0.416 ***	0.660	0.076	-0.415 ***	0.661	0.076	-0.416 ***	0.660	0.076
1976-80 年	-0.437 ***	0.646	0.086	-0.438 ***	0.645	0.086	-0.439 ***	0.645	0.086
1981-86 年	-1.006 ***	0.366	0.111	-1.005 ***	0.366	0.111	-1.005 ***	0.366	0.111
親高等教育	-0.010	0.990	0.071	-0.011	0.989	0.071	-0.011	0.989	0.071
学歴 (ref.: 高卒・専門卒)									
中学卒	0.025	1.025	0.152	0.017	1.017	0.152	0.016	1.016	0.152
高等教育卒	-0.025	0.976	0.068	-0.027	0.974	0.068	-0.026	0.974	0.068
親の離婚経験	0.297 **	1.346	0.107	0.916 ***	2.500	0.248	0.930 ***	2.534	0.234
親の離婚経験 × t				-0.070 **	0.933	0.026	-0.085 **	0.919	0.027
親の離婚経験 × t²							0.006	1.006	0.004
-2 Log Likelihood	8437.4			8430.2			8428.0		
χ² (df)	835.1 (9) ***			842.3 (10) ***			844.5 (11) ***		
Nagelkerke R-square	0.104			0.105			0.106		
BIC	-766.6			-766.2			-760.8		
AIC	-817.1			-822.3			-822.5		
N	2014			2014			2014		
N of events	1104			1104			1104		
N of spells	27624			27624			27624		

(注) +p<.1, *p<.05, **p<.01, ***p<.001　ハザードの開始は18歳、センタリングのため経過年t＝年齢-18、経過年t＝（年齢-26）² とした。

補表 1-2　女性の結婚生起に関する離散時間ロジットモデル

	モデル1			モデル2			モデル3		
	b	Exp(b)	SE	b	Exp(b)	SE	b	Exp(b)	SE
定数	-3.255 ***	0.039	0.089	-3.309 ***	0.037	0.092	-3.314 ***	0.036	0.094
経過年 t	0.145 ***	1.156	0.007	0.150 ***	1.162	0.007	0.154 ***	1.166	0.008
経過年 t²	-0.026 ***	0.974	0.001	-0.026 ***	0.974	0.001	-0.028 ***	0.973	0.001
出生（ref.: 1966-70）									
1971-75年	-0.038	0.962	0.070	-0.038	0.962	0.070	-0.040	0.961	0.070
1976-80年	-0.314 ***	0.731	0.078	-0.318 ***	0.728	0.078	-0.321 ***	0.726	0.078
1981-86年	-0.658 ***	0.518	0.093	-0.660 ***	0.517	0.093	-0.661 ***	0.516	0.093
親高等教育	-0.160 *	0.852	0.065	-0.159 *	0.853	0.065	-0.161 *	0.851	0.065
学歴（ref.: 高卒・専門卒）									
中学卒	0.640 **	1.896	0.202	0.631 **	1.879	0.202	0.632 **	1.882	0.201
高等教育卒	-0.268 ***	0.765	0.059	-0.270 ***	0.764	0.059	-0.269 ***	0.764	0.059
親の離婚経験	-0.010	0.990	0.099	0.580 *	1.786	0.251	0.443 *	1.558	0.219
親の離婚経験 × t				-0.058 *	0.944	0.024	-0.071 ***	0.932	0.020
親の離婚経験 × t²							0.013 ***	1.013	0.003
-2 Log Likelihood	10073.3			10067.1			10052.4		
χ²(df)	1351.3(9)***			1357.5(10)***			1372.3(11)***		
Nagelkerke R square	0.139			0.140			0.141		
BIC	-1282.3			-1280.8			-1288.0		
AIC	-1333.3			-1337.5			-1350.3		
N	2138			2138			2138		
N of events	1422			1422			1422		
N of spells	29768			29768			29768		

（注）＋p＜.1, *p＜.05, **p＜.01, ***p＜.001　ハザードの開始は16歳、センタリングのため経過年 t＝年齢-16、経過年 t²＝（年齢-26）² とした。

補表2　離婚への肯定意識を従属変数とした重回帰分析（男性、未婚者・既婚者を含む）

| | 従属変数 離婚への肯定意識 (1〜5) | | | |
| | モデル1 | | モデル2 | |
	b	β	b	β
切片	4.13 ***		4.10 ***	
出生コーホート（ref.: 1966-70）				
1971-75 年	-0.01	0.00	-0.01	-0.01
1976-80 年	-0.14 +	-0.05	-0.17 +	-0.06
1981-86 年	-0.18 *	-0.07	-0.24 *	-0.09
親高等教育	0.03	0.01	0.08	0.03
親の離婚経験	-0.19	-0.05	-0.29	-0.07
学歴（ref.: 高卒・専門卒）				
中学卒	-0.05	-0.01	-0.05	-0.01
高等教育卒	-0.08	-0.04	-0.08	-0.04
結婚経験（離婚への意識回答時点）	-0.18 **	-0.08	-0.24 **	-0.11
離婚経験（離婚への意識回答時点）	0.28 *	0.05	0.25	0.04
15 歳時家庭の雰囲気（暖かい）	-0.17 *	-0.06		
親の離婚経経験×家庭の雰囲気	0.40 *	0.07		
親との関係の満足度（満足している）			-0.14 +	-0.05
親の離婚経経験×親との関係の満足度			0.58 *	0.12
Adjusted R-square	0.007 *		0.010 *	
N	1884		1344	

（注）b は非標準化偏回帰係数、β は標準化偏回帰係数。+ p< .1, * p< .05, ** p< .01, *** p< .001

第 5 章
貧困母子世帯における生活保護の受給

5.1　先行研究の知見と問題の所在

5.1.1　母子世帯の貧困と生活保護の受給

　これまでの章においては、親の離婚を経験した者のライフコースにおける格差について検討してきたが、前述のように、子どもがいる場合には離婚後の親権は母親のみが取得することがほとんどであり（厚生労働省政策統括官 2023: 41）、離婚後には母子世帯が形成されやすい。前章では、特に女性において、子どもがいる場合に離婚を媒介とした世代的な母子世帯が形成されることで、貧困の世代的な再生産が生じている可能性が示唆された。議論を先取りするならば、そのような母子世帯の貧困の問題に対して、社会保障制度がうまく機能しておらず、生活保護を受給していない貧困な母子世帯が多く存在する。本章ではそのような母子世帯の貧困の問題について生活保護の受給に着目し、貧困な母子世帯においてなぜ生活保護が受給されないのか、受給を妨げる要因について明らかにする。

　近年、日本においてひとり親世帯の貧困の問題が指摘されており、子どもがいる世帯のうち大人が二人以上いる世帯の相対的貧困率は 8.6% であるのに対し、大人が一人の世帯の相対的貧困率は 44.5% である（厚生労働省 2023a: 14）。特に母子世帯では現在の暮らしが苦しいと回答する者が 7 割を超えており（厚生労働省 2023a: 16）、母子世帯の貧困の問題は顕著である。母子世帯の母親の 86.3% が就業しているが、非正規雇用の割合が

42.4%と高く[1]、母子世帯の母親の年収は低い（厚生労働省 2022: 13）。そのため、母子世帯の貧困の問題は、母親が働かないことにあるのではなく、その多くが非正規雇用等の周辺的な仕事に就かざるをえないことにあると考えられる。実際、先行研究では母子世帯の母親の従業上の地位が収入を左右しうることが指摘されている（阿部・大石 2005）。

　このように母子世帯は貧困の問題に直面しやすいが、主要な母子世帯への社会保障制度には、死別の場合の遺族年金（母子世帯全体のうち受給率は約5.6%）等を除けば（厚生労働省 2017: 81）[2]、所得制限付きの児童扶養手当がある。しかし、母子世帯の児童扶養手当の受給率は73.0%だが、うち約6割が一部のみの支給である（厚生労働省 2017: 82）。さらに、児童扶養手当には一定の貧困削減効果が見られるものの（藤原千沙ほか 2011; 阿部2005）、母子世帯の高い貧困率から考えるとその効果は限定的である。このほかに離別母子世帯の経済的資源としては、元夫からの養育費があるが、養育費を「受けている」割合は24.3%と低い（厚生労働省 2017: 56）。また、養育費の金額も少額であることが多く、調停・審判離婚のうち最も多いのは月額2～4万円であるという（下夷 2008: 69）。そのため、仮に児童扶養手当や養育費を受け取っていたとしても、生活を支えるには十分ではない。そのような中で、それらを利用してもなお貧困が解決しえない場合に想定されているのが生活保護の受給である。最低生活費を保障するという点で、生活保護費が世帯の所得に与える効果は児童扶養手当や養育費よりも大きいと考えられる。

　しかしながら、多くの先行研究においても、生活保護を受給していない低所得世帯がかなりの割合で存在することが指摘されており（駒村 2003; 橘木・浦川 2006など）、母子世帯についても貧困世帯のごく一部しか生活保護を受給していないものと考えられる（岩田 2017; 阿部2008など）。母子世帯の生活保護の受給率は11.2%であり（厚生労働省 2017: 79）、この受給率は50%を上回る貧困率と比較してきわめて低い。少なくとも母子世帯の約9割全てが受給資格を持たず生活保護を受給していないとは考えにくく、

受給資格等の制度側の要因だけでなく、生活保護の受給を控える何らかの利用者側の要因が存在する、と考えるべきだろう。すなわち、制度面の問題だけでなく、制度の利用を妨げる何らかの社会的なメカニズムが人々に作用していることが貧困率と生活保護受給率の大きな乖離を生み出していると考えられる。従来の研究では、生活保護制度のもつ問題点や生活保護受給者の貧困の問題が明らかにされてきた一方で、「貧困であるにもかかわらず生活保護を受給しようとしない」現象に注目する計量研究はほとんど存在しない。制度が存在しても、それが利用されなければ制度は効果を発揮することはできない。制度の利用を妨げる利用者側の要因に着目することは、貧困に対する有効な政策的対応のあり方を考えることを可能にするだろう。以上から、本章では、貧困母子世帯における生活保護の受給状況を規定する要因についての分析を行い、生活保護の受給を妨げる要因を明らかにしていきたい。

5.1.2 母子世帯における生活保護の受給傾向と受給世帯の特徴

　以下では、母子世帯における生活保護の受給の規定要因および、受給を抑制する要因に関して先行研究から整理を行う。ミクロデータを用いた計量研究はほとんど見られないが、数少ない研究からは以下のような傾向が指摘されている。まず、母子世帯の全国調査では、母子世帯の母親の学歴と生活保護の受給の間に有意な関連が見られ、学歴が低いほど生活保護の受給割合が高く、学歴が高いほど受給割合が低い（藤原千沙 2007）。加えて、記述的な分析の結果から、母子世帯の生活保護受給者は母親の年齢が若く、就業率および正規雇用の割合が低いなどの特徴が指摘されている（藤原千沙 2007）。

　また、局所的なデータを用いた分析では、10 代での出産、出身家庭の生活保護の受給経験が母子世帯の生活保護の受給に正の効果を持つことが明らかになっている（駒村ほか 2011）。すなわち、被保護母子世帯において、親世代と子世代の二世代にわたる生活保護受給の世代的な連鎖が生じてい

る。同様に、地方自治体のデータの記述的な分布からは、上記以外の被保護母子世帯の特徴として、母親および離死別した配偶者の学歴の低さ、精神疾患などの健康問題等も指摘されている（道中 2009）。

　このように、生活保護を受給している母子世帯の主な特徴として、母親の学歴の低さ、母親の年齢の若さや健康問題、非正規就労などが挙げられる。加えて、二世代で生活保護を受給している貧困の再生産の問題が指摘されている。先行研究の多くは生活保護の受給自体を貧困の指標として想定し、事実上貧困を規定する要因を明らかにするという目的のもとに、受給を規定する要因の検討を行っている。しかしながら、前述のように、母子世帯においては貧困率が高いにもかかわらず、生活保護の受給率が低い。貧困な状況にあるにもかかわらず、その多くが生活保護を受給していない事実が存在し、そこには受給を控える利用者側の何らかの要因が介在していると考えられる。貧困を解消するための制度が利用されないことも貧困の解消を妨げる重要な要因である。

5.1.3　生活保護の非受給の問題

　それでは生活保護の受給を妨げる要因に関して先行研究を概観してみよう。まず、母子世帯では、前述の通り母親の学歴と生活保護の受給に関連が見られるため（藤原千沙 2007）、高学歴であれば受給しにくい傾向があると考えられる。しかしながら、管見によればこれまでの研究では、被保護母子世帯の特徴は把握されているものの、貧困であるにもかかわらず生活保護を受給していない母子世帯については十分に検討されていない。低所得世帯全体においては、学歴の高さ、社会階層の認識ギャップや中流以上であるという意識が社会福祉制度の利用を抑止する効果を持つことが指摘されている（藤澤 2008）。しかし、母子世帯に限定した場合については明らかではない。

　次に、質的研究を含めた生活保護研究においては、最低生活費以下で生活している人の多くが生活保護を申請しない主要な原因として、生活保護

へのスティグマ、人々の権利意識の弱さ、制度に関する知識の乏しさなどの要因が指摘されている（副田 2014; 橘木・浦川 2006; 西尾 1994）。このように生活保護の申請を控えさせる利用者側の要因やスティグマの問題がある一方で、行政による抑制、厳格な受給資格審査や所得・資力調査、家族や親族による扶養義務の問題などの制度側の要因も存在する（橘木・浦川 2006; 副田 2014）。

　さらに、特に日本においては、「恥の文化」、経済至上主義や能力主義という社会意識、社会全体の保護率の低さに起因する受給のイメージの悪化、スティグマ緩和のための制度的・政策的工夫が十分でないこと、などの要因により、生活保護へのスティグマがより一層強いとの指摘もある（副田 2014: 250-1）。実際に、人々の福祉事務所の認知度は高いにもかかわらず来所への抵抗感が強いこと、生活保護の受給や申請には否定的意識があり、保護基準以下の世帯であることを示された場合であってもそのうち8割以上が申請に拒否的であることが報告されている（西尾 1994; 友田 1984: 85）。このことからは、受給資格等の制度側の要因や制度に関する知識の乏しさなどの要因だけでなく、生活保護の申請・受給を抑止しようとする何らかの利用者側の要因が存在すると考えられる。先行研究では、「自立」や「自助」、「労働」といった価値が重視される社会では、生活保護の受給が望ましくないものとして忌避される可能性が示唆されている（友田 1984; 西尾 1994 など）。このような「自立」や「自助」、「労働」といった社会における価値規範の内面化は、生活保護受給者へのスティグマや生活保護を申請・受給することへの拒否感をもたらすと考えられ、生活保護の非受給の問題を考える際には重要な要因であると考えられる。

　一方で政策的にも母子世帯の母親に対してはこれまで「自助努力」や就労による「自立」が強調されてきた（藤原千沙 2010）。実際に、生活保護を受給していない母子世帯の母親の複数の語りにおいても（青木 2003b: 76-7）、「やれるだけやってみよう」と自立が重視され、生活保護の受給が忌避されている。そのような傾向は、民生委員に生活保護を「受けられる」と

言われた場合であっても示され（青木 2003b: 76）、生活保護を極力受けず
になんとかやっていこうとする姿がうかがえる。また、福祉事務所の職員
が訪ねてきて、「書類にサインさえすれば、生活保護を受けることができ
る」という状況であった母子世帯の事例においても（江沢 2018: 24-5）、「私
は大学まで行き、両親は経済的に厳しい時も大学の学費を払ってくれた」
こと、「自分自身が福祉に頼ることに納得できない」ことが語られ、家賃
の支払いが遅れ、家計のやりくりができなくないという状況になっても、
生活保護の申請をせず、なんとか生計を立てようとする様子がみられる。
このように、母子世帯においても、「自立」や「自助」の価値規範の内面
化によって、生活保護の申請・受給が抑止されている可能性が考えられる。

5.1.4　内的統制傾向と生活保護の受給

　以上から、生活保護の申請・受給を抑止する要因として、日本では特に
生活保護へのスティグマおよび「自立」や「労働」の価値規範の内面化が
重要であると考えられる。本書ではデータの制約により、必ずしもこれら
の要因全てを直接的に検討できるわけではない。先行研究でも、低所得者
世帯全体では社会福祉の非受給と主観的な社会階層の認識や中流意識との
関連が示されたが（藤澤 2008）、直接的にスティグマや「自立」「労働」な
どの価値意識の効果が検討されているわけではない。本章では「自立や
自助」への価値意識をとりあげてその効果を検討する。具体的には、自
立性や自助志向と関連したパーソナリティ要因として、個人の内的統制
（internal control）傾向をとりあげる。

　一般に内的統制傾向とは外界を自分自身が統制できると考える傾向のこ
とを指し、内的統制傾向が強い人は物事の結果は自身の行動に起因し、自
分の努力や行動、能力次第であると考える（Rotter 1966: 1; Mirowsky and
Ross 2003: 94 など）。内的統制傾向は、個人のパーソナリティ特性として捉
えられ、学校や仕事などを通して長期にわたって獲得され、比較的変わり
にくいとされる（Mirowsky and Ross 2003: 95; Rotter 1966: 1）。内的統制傾向

や類似の特性を指す概念（mastery, self direction など）は主に心理学の分野で用いられるが、階層的地位と関連することが明らかにされているほか、内的統制傾向が強い人は、問題の解決に向けて積極的に物事に対処し、人生の困難を解決しようとするために健康やメンタルヘルスの良好な状態と関連することが知られている（Mirowsky and Ross 2003: 94-5; Milkie et al. 2014: 556）。海外の先行研究では、このようなパーソナリティ特性は、公的扶助の受給／非受給や福祉への依存との関連を検討する際にも用いられている。先行研究では、公的扶助の非受給や福祉への非依存と、内的統制傾向や類似のパーソナリティ特性との間に関連があることが明らかになっている（Kunz and Kalil 1999; Parker 1994; Nichols-Casebolt 1986; Popkin 1990）。

　この内的統制傾向の概念を、生活保護の申請・受給に関してあてはめると、内的統制傾向の強い人は直面している生活上の困難を独力で解決することが可能であると考え、問題解決に向けて努力するために、生活保護の申請を避けると考えられる。別な表現をとるならば、生活保護を受給することは「自立や自助」に高い価値を置く内的統制傾向と矛盾することになるために、申請自体が認知的な不協和をもたらし、忌避されると予測できる。社会において就労が重視され、人々が「自立や自助」に高い価値を置くことのいわば意図せざる結果として生活保護の申請・受給が忌避されると考えたい。本章ではこの内的統制傾向を手がかりとして「自立や自助」への価値意識が生活保護の受給に及ぼす逆機能的な影響を検討する。

5.2　分析と考察

5.2.1　データと分析方法

　本章では、内閣府による「親と子の生活意識に関する調査」（2011年10月27日〜11月6日実施）を用いる。本データは、全国の中学3年生の男女4,000人、およびその保護者4,000人を対象とした親子のペアデータである。回収率は、子票が79.8%（3,192票）、保護者票が79.9%（3,197票）であ

る。本分析では、保護者票のデータのみを用い、そのうち使用する変数に
欠損値がないケースのみを使用する。本データの特徴は、約8割と回収率
が高いことに加え、中学3年生をもつ世帯を対象としているために対象者
の子どもの年齢およびライフステージが統制されていること、母子世帯が
多数含まれていることである。実際に、母子世帯は364ケース[3]あり、母
子世帯を十分にとらえることができる貴重なデータである。加えて、質問
項目において、所得の内訳として生活保護の受給状況が測定されているこ
と、保護者の属性だけでなく、さまざまな意識変数も測定されており、内
的統制傾向の情報が得られることもこのデータの利点である。以上の理由
から、このデータを選択した。なお、以下の実質的な分析は相対的貧困状
態にある母子世帯を対象として行う。このため分析対象は実母が回答して
いるケースに限定し、回答者が無配偶の場合（離別・死別・未婚）に母子世
帯とした。また、配偶者が「いない」と回答しているにもかかわらず、世
帯員に「配偶者」を選択している場合は欠損値とした[4]。

　分析においては、以下の変数を用いる。都市規模は、大都市・中核都市
（人口20万以上）、人口10～20万未満の市（基準カテゴリー）、人口10万
未満の市・町村のカテゴリー変数によって定義した。世帯に関する情報
は、まず、世帯所得は、副収入・手当・単身赴任者の口座から生活費とし
て引き出している金額などを含む、去年1年間の世帯の収入の合計のカテ
ゴリー別の回答から、最小値の100万円未満 =50、最大値の1,200万円以
上 =1,200 とし、その他はカテゴリーの中間値を用いることで数量化した[5]。
等価世帯所得は、上記の世帯所得を世帯の人数の平方根で除したもので
ある[6]。相対的貧困世帯については、同データの調査報告書（内閣府 2012:
16）と同様の方法で、平成22年度国民生活基礎調査における貧困線（等価
可処分所得の中央値〔=224万円〕の半分〔=112万円〕）を用いてそれ以下の所
得の世帯を相対的貧困世帯とした[7]。

　次に、母親の属性については、学歴は高卒以上の場合に1とするダミー
変数（基準カテゴリーは中卒）、就労状況は無職・休職を1とするダミー変

数（基準カテゴリーは有職）を用いた。なお、記述統計量を算出する際には全体の傾向を把握するために、学歴は中学校、高校・専門学校、高等教育（短大・高専以上）[8]、就労形態は無職・休職、非正規・自営、正規[9]という細かいカテゴリーを用いる。これらの変数に加え、母親の年齢も変数として使用する。

　主要な従属変数である生活保護の受給については、世帯の収入の内訳を尋ねた項目から、「生活保護費」を選択している場合に1とするダミー変数を用いた[10]。利用できる金銭的サポートの有無に関しては、「急いでお金（30万円程度）を借りなければならないとき」に頼る相手が「誰もいない」と回答している場合に1とする「金銭的サポートなし」のダミー変数を作成した。また、母親のふだんの健康状態について、「どちらかと言えば悪い」「悪い」と回答している場合に1とする「母親の健康状態の悪さ」のダミー変数を作成した[11]。本章で検討する母親の内的統制傾向については、「努力すれば夢や希望は実現する」という考えについて、「そう思わない（=1）」「どちらかと言えばそう思わない（=2）」「どちらかと言えばそう思う（=3）」「そう思う（=4）」の4件法で変数化した[12]。

　分析方法については、まず、母子世帯、相対的貧困層の母子世帯（以下、貧困母子世帯）の特徴を把握するために、記述的な分析によって、経済状況、母親の学歴、就労状況、生活保護の受給状況等を二人親世帯と比較する。次に、貧困母子世帯であるにもかかわらず、生活保護を受給していない世帯の特性を把握するために、生活保護の受給状況と母親の学歴、就労状況、金銭的サポート、健康状態、内的統制傾向との二変数間の関連を検討する。加えて、生活保護の受給状況を従属変数とした二項ロジスティック回帰分析を用い、貧困母子世帯における生活保護の受給／非受給の傾向およびその規定要因について検討する。モデル1では、都市規模と母親の年齢を統制したうえで、学歴、就労の有無の効果を検討する。モデル2では生活保護の受給状況と関連すると考えられる世帯の要因として、金銭的サポート、健康状態の効果を検討する。最後に、モデル3において上述の「自立や自

助の価値観」と対応した内的統制傾向（「努力すれば夢や希望は実現する」といった意識・態度）と生活保護の受給状況との関連について検討する。

　分析にあたっては、データの制約上、以下の二点に留意しなければならない。一点目に、貧困母子世帯に限定した分析を行う場合にはケースが少ないことに加え、ロジスティック回帰分析においては完全分離の問題を避けるために学歴と就労の有無について、包括的な区分のカテゴリーを設定せざるをえない[13]。加えて、祖父母や親族等との同居の有無を考慮する必要も考えられるが、貧困母子世帯であるケースに限定した場合、同様に完全分離の問題が生じるため、変数として投入することができない。ただし貧困世帯を定義する際の等価世帯所得には同居する祖父母や親族の収入が反映されているため、この問題に対してはモデルにおいて金銭的サポートの有無を投入することで対応する。また、世帯所得については、就労収入と生活保護費などの社会移転の具体的な金額の内訳は分からず、全てを合わせた収入のみが測定されている。

　二点目として、生活保護を受給していない場合に、申請を控えた結果か、申請が通らなかった結果かは識別しえないという問題がある。生活保護について検討する際に変数として用いられることがある、持ち家や資産の有無は本データでは測定されておらず、検討することはできない。そのため、世帯所得は低いが、資産を保有しているために生活保護を受給していない母子世帯が含まれている可能性は否定できない。土地の所有を含めた資産の保有状況に関する統計データはないが、母子世帯の貯金額については59.4%が50万円未満（0〜49万円）である（厚生労働省 2017: 47）[14]。本書で対象としている相対的貧困の母子世帯は、母子世帯全体よりもさらに貯金額が低いと考えられ、資産のうち預貯金に関しては多くはないと予測される。

　加えて、先行研究では生活保護基準以下であることを示された場合にも、生活保護の申請には拒否感があること（友田 1984: 85）、本データが分析の対象とする母子世帯は中学生の子どもを一人以上もつ相対的貧困世帯であ

ることを考慮すると[15]、後述のように生活保護を受給していない事実を
すべて「申請したが認められなかった」結果であると考えることは難しい。
また、分析対象を相対的貧困世帯に限定した場合には、最低生活費以下の
収入状況であるにもかかわらず相対的貧困ではないケースが分析から除外
されてしまう一方で、貧困母子世帯のうち最低生活費を超える所得を有す
る世帯はほとんどないと考えられる[16]。データの制約上、正確な生活保
護基準の推定はできないが、本章で扱う貧困母子世帯はほぼ全てが最低生
活費を下回る所得水準にあると考えられるため、事実上貧困であるにもか
かわらず生活保護を受給していないのはなぜか、という問いを検討するこ
とができる。

5.2.2　記述的分析

　二人親世帯、非貧困母子世帯、貧困母子世帯の3群に区分して記述統計
量を検討した（表13）。なお、母子世帯に占める相対的貧困世帯の割合に
ついては、先行研究と同様、本データでも半数以上である55.1%であった。
まず、非貧困・貧困母子世帯は、補足的な多重比較の結果、二人親世帯に
比して母親の年齢の平均値が若く、世帯所得が低く、金銭的サポートがな
い傾向が示された。次に、非貧困母子世帯と貧困母子世帯を比較すると[17]、
後者においては前者よりも母親の学歴が高等教育の割合が低く、正規雇用
である割合が低く、非正規・自営の割合が高い傾向にあった。また、金銭
的サポートがない割合は、二人親世帯に低く、貧困母子世帯に最も高い傾
向にあり、母親の健康状態が悪い割合は貧困母子世帯において高い傾向が
示された。母親の内的統制傾向については、3群間で有意差は見られなか
った。

　次に、貧困母子世帯における生活保護の受給状況を確認する。貧困母子
世帯では10.4%が生活保護を受給していたが、逆に言えば、約9割が受給
していない。先行研究で指摘されているように、貧困であるにもかかわら
ず生活保護を受給していないケースが本データにおいても多く確認される。

表 13　二人親世帯／非貧困母子世帯／貧困母子世帯別の記述統計量

		二人親世帯	非貧困母子世帯	貧困母子世帯
母親の年齢		*44.34* *(4.26)*	*43.37* *(4.66)*	*42.42* *(4.98)*
世帯の人数		*4.33* *(1.03)*	*3.28* *(1.13)*	*3.47* *(1.18)*
世帯所得（万円）		*664.7* *(291.6)*	*416.1* *(184.5)*	*162.6* *(64.79)*
等価世帯所得（万円）		*326.2* *(150.2)*	*234.7* *(102.8)*	*88.4* *(32.16)*
母親の学歴	中学校	2.9% (73)	2.1% (3)	15.6% (27)
	高校・専門学校	55.2% (1373)	65.2% (92)	72.3% (125)
	高等教育（短大・高専以上）	41.9% (1043)	32.6% (46)	12.1% (21)
母親の就労形態	無職・休職	25.2% (628)	9.2% (13)	19.7% (34)
	非正規・自営	56.1% (1397)	39.7% (56)	61.3% (106)
	正規	18.6% (464)	51.1% (72)	19.1% (33)
生活保護の受給		0.4% (9)	5.00% (7)	10.4% (18)
金銭的サポートなし		4.6% (115)	9.9% (14)	24.9% (43)
母親の健康状態の悪さ		14.5% (360)	14.9% (21)	35.8% (62)
母親の内的統制傾向（1～4）		*3.08* *(0.75)*	*3.11* *(0.78)*	*2.98* *(0.91)*
N		2489	141	173

（注）％下の括弧内は *n*。斜体は平均値、括弧内は標準偏差。

　ここで、生活保護を受給していない世帯の所得分布を検討するために、世帯の年間の所得別（等価世帯所得ではないことに注意）の生活保護受給状況を確認する（表14）。なお、データでは生活保護費を含めた世帯所得しかわからないため、受給世帯については生活保護費を含めた再分配後の所得となっているが、参考までにあわせて情報を提示している[18]。最も世帯

表14　貧困母子世帯における世帯所得別の生活保護受給状況

	受給あり	受給なし
100万円未満	11.1% (3)	88.9% (24)
100〜200万円未満	6.6% (6)	93.4% (85)
200〜250万円未満	13.6% (6)	86.4% (38)
250〜300万円未満	14.3% (1)	85.7% (6)
300〜350万円未満	50.0% (2)	50.0% (2)

(注) ％下の括弧内は n。

の所得が低い100万円未満の世帯、100〜200万円未満の世帯であっても、88.9%（n=24）、93.4%（n=85）が生活保護を受給していない。また、貧困母子世帯の世帯所得と生活保護受給との相関を確認したが、有意ではなかった（r=.117）。このように、比較的所得が高いために生活保護を受ける必要がないというわけではなく、世帯の所得が低いにもかかわらず生活保護を受給していない世帯が多く存在することが確認された。

　それでは、貧困であるにもかかわらず生活保護を受給していない世帯とはどのような世帯なのだろうか。以下では貧困母子世帯のみを対象として分析を行う。まず関連が予想される変数と生活保護の受給との二変数間の関連を確認してみよう。貧困母子世帯における母親の学歴別・就労形態別にみた生活保護の受給状況を表15に示した。母親の学歴別に見ると、中卒の場合に生活保護を受給している割合が37.0%と高いのに対し、高校・専門卒では6.4%と低く、さらに高等教育卒においては生活保護受給ケースは皆無であった。次に、母親の就労形態別に見てみると、母親が無職・休職である場合に32.4%と高い。貧困母子世帯では非正規雇用が半数以上を占めるが、その非正規・自営では6.6%と低い。また、正規雇用において生活保護受給ケースは見られなかった。

　このように、相対的貧困世帯に限定して母子世帯の生活保護の受給を見てみると、先行研究でも示唆されるように、貧困であるにもかかわらず生

表 15　母親の学歴別・就労形態別にみた貧困母子世帯の生活保護受給状況

母親の学歴		非受給	受給
母親中卒		63.0% (17)	37.0% (10)
母親高卒以上	高校・専門学校	93.6% (117)	6.4% (8)
	高等教育 (短大・高専以上)	100.0% (21)	0.0% (0)
	高卒以上合計	94.5% (138)	5.5% (8)

(注) χ^2 (df=1, N=173)=24.3,
Fisher の直接確率検定 p<.001（中卒／高卒以上）

母親の就労形態		非受給	受給
母親無職・休職		67.6% (23)	32.4% (11)
母親有職	非正規・自営	93.4% (99)	6.6% (7)
	正規	100.0% (33)	0.0% (0)
	有職合計	95.0% (132)	5.0% (7)

(注) χ^2(df=1, N=173)=21.9,
Fisher の直接確率検定 p<.001（無職・休職／有職）

活保護を受給していないケースが多く見られることが確認された。そのような世帯は特に母親が高卒以上、有職であるという傾向が示された。また、金銭的なサポートについて頼る人が誰もいないほど（χ^2=6.8, p<.01）、母親の健康状態が悪いといった特徴をもつ世帯ほど（χ^2=8.3, p<.01）生活保護を受給している傾向にあった。加えて、内的統制傾向（1 ～ 4）と生活保護の受給との関連については、内的統制傾向が強いほど、生活保護の受給が有意に低かった（r=-.224, p<.01）。以上の結果より、母親の学歴、就労状況、金銭的サポート、健康状態、内的統制傾向の各変数について、生活保護の受給状況との関連が確認された。

5.2.3　生活保護の受給要因に関する分析

　次に、貧困母子世帯を対象に生活保護の受給状況を従属変数とした二項ロジスティック回帰分析を行った（表 16）。まず、モデル 1 では都市規模と母親の年齢を統制し、母親の学歴と就労の有無の 2 変数を投入した。その結果、母親が高卒以上であることが生活保護の受給に対して負の効果、無職・休職であることが正の効果を有していた。すなわち、学歴が高卒以上である場合に生活保護を受給しておらず、中卒である場合に受給している傾向にあった。また、無職・休職である場合には受給している傾向、有職である場合には受給していない傾向にあった。

二変量の記述的な分析においては金銭的サポートと母親の健康状態は生活保護の受給状況との間に有意な関連が見られたが、次に、モデル2においてそれらの効果を検討する。まず、金銭的サポートについては有意な効果は示されなかった。母親の健康状態については、10%水準ではあるが健康状態が悪い場合に生活保護の受給に正の効果を与える傾向が示された。逆に言えば、健康状態が悪くない場合には貧困であっても生活保護を受給していない傾向が見られた。最後に、モデル3において内的統制傾向を投入したところ、内的統制傾向が高いほど、生活保護を受給していない傾向が示された。なお、学歴や就労の有無の効果は所得の効果である可能性もあるため、参考までにモデル3に等価世帯所得を投入したモデルによる推定も行った（モデル4）[19]。この場合、生活保護を受給している世帯はそのことによって所得が増加しているという関係があるため、変数としてはやや正確さに欠けるが、非受給世帯については所得を統制することができる。結果は、学歴、就労の有無、内的統制傾向の効果は維持されたが、母親の健康状態の有意な効果は消失した。もともと健康状態の変数の効果は弱く、ここではその効果については解釈を保留するにとどめたい。

　以上の結果から、貧困母子世帯においては、主に母親の学歴、就労の有無、健康状態、内的統制傾向が生活保護の受給と関連していることが明らかになった。相対的貧困状態にある母子世帯であるにもかかわらず、生活保護を受給していない世帯とは、今回のデータからは、母親が高卒以上、有職、健康状態が悪くはない、また、内的統制傾向の強い母親のいる世帯ということになる。先行研究の知見とあわせて考えると、学歴が高い場合、就労している場合、健康状態がそれほど悪くはない場合には、生活保護を受給せず、なんとか生活を成り立たせようとしているのではないだろうか。もちろんこうした条件を満たしている場合に生活保護の受給が認められなかった可能性もないとはいえないが、世帯所得の低さから見てその可能性は低いと考えられ、申請自体を控えたと推察できる。

　さらに、内的統制傾向の有意な効果が確認されたことからは、貧困状態

表 16 貧困母子世帯における生活保護の受給を従属変数としたロジスティック回帰分析

従属変数

生活保護の受給（相対的貧困世帯の母子世帯に限定）

	モデル 1			モデル 2			モデル 3			モデル 4		
	b	Exp(b)	SE	b	Exp(b)	SE	b	Exp(b)	SE	b	Exp(b)	SE
定数	-1.348	0.260	2.332	-2.236	0.107	2.490	-0.162	0.851	2.706	-0.755	0.470	2.985
都市規模 (ref：人口 10～20 万未満の市)												
大都市・中核都市	-0.077	0.926	0.735	-0.263	0.769	0.753	-0.435	0.647	0.828	-0.448	0.639	0.827
人口 10 万未満の市・町村	-0.602	0.548	0.735	-0.653	0.520	0.773	-0.591	0.554	0.794	-0.809	0.445	0.842
母親の年齢	0.007	1.007	0.053	0.013	1.014	0.056	0.026	1.026	0.060	0.008	1.008	0.068
母親高卒以上 (ref：中卒)	-2.134 **	0.118	0.619	-2.091 **	0.124	0.668	-2.431 **	0.088	0.730	-2.780 ***	0.062	0.792
母親無職・休職 (ref：有職)	1.778 ***	5.920	0.600	1.644 ***	5.174	0.616	1.675 *	5.340	0.661	2.022 **	7.556	0.726
金銭的サポートなし				0.281	1.324	0.636	0.113	1.120	0.679	0.165	1.180	0.722
母親の健康状態の悪さ				1.217 +	3.376	0.620	1.170 +	3.222	0.653	0.681	1.975	0.704
母親の内的統制傾向							-0.827 ***	0.437	0.313	-0.882 **	0.414	0.329
等価世帯所得										0.022 +	1.022	0.012
-2 Log Likelihood	85.5			80.7			73.3			69.7		
χ^2 (df)	30.0(5)***			34.8(7)***			42.3(8)***			45.8(9)***		
Nagelkerke R-square	0.327			0.374			0.445			0.478		
N	173			173			173			173		

(注) $+ p < .1$, $* p < .05$, $** p < .01$, $*** p < .001$

であったとしても、「自立や自助」の価値を内面化していることで、当事者自身が生活保護の申請を控えている可能性が示唆された。今回、この内的統制傾向の効果は、モデル3において母親の学歴や就労の有無等を統制しても、生活保護の受給状況に対して有意な独立の効果を有していた。内的統制傾向は学歴や就労状況と関連していることも想定されたが、実際にはこれらの変数の効果を媒介・説明するものではなかった。学歴や就労、金銭的サポートや健康状態を統制しても、内的統制傾向が高く、「自立や自助」に価値を置いていることが生活保護の受給の抑制と関連していたと言える。

5.2.4　貧困母子世帯における生活保護の受給に関する考察

　貧困問題に対する生活保護制度の重要性は多くの研究者が指摘し、数多くの研究が蓄積されてきた。しかしながら、データの利用可能性の問題もあり、全国規模のデータを用いた計量研究は少なく、生活保護の受給状況の規定要因は不明な部分が多い。加えて、生活保護を受給していない貧困な母子世帯が多く存在することが示唆されてきたが、そのような世帯を扱った研究や母子世帯における受給の問題を扱った計量研究はほとんど見られない。

　そのような中で、本章では、中学生をもつ全国の相対的貧困層の母子世帯について、貧困であるにもかかわらず生活保護を受給していない母子世帯が多く存在することを示し、生活保護の受給を抑止する要因として内的統制傾向の効果を確認した。この効果は「自立や自助」に高い価値を置くことで、生活保護の受給を控えるというメカニズムの存在を示唆するものである。分析の結果からは、母親の学歴が比較的高く、就労しており、健康状態が悪くはない、また、内的統制傾向が強く「自立や自助」に価値を置いているという「自立に近い位置にある」母子世帯が、生活保護の受給を控えているという知見が看取された。

　母子世帯の貧困や生活保護をめぐる問題としては、従来は貧困の世代間

連鎖という「生活保護を受け続けること」の問題が指摘されてきたが、貧困な状態にあるにもかかわらず生活保護を申請・受給しないことで貧困が解消されないという問題もまた重要な問題であることを指摘しておきたい。貧困であるにもかかわらず生活保護を受給せず「自立」を目指すことは、貧困な状態の中で子どもが育つことを意味する。今回の分析では、中学校3年生がいる相対的貧困層の母子世帯を対象としており、その多くが2～3人の子どもをもつ世帯である。そのような世帯で貧困が持続することは、子どもの教育面での不利につながりうる。そうした点からも、貧困母子世帯の生活保護の非受給の問題は解決されるべき重要な問題と言える。

　それでは、「自立や自助」の価値が生活保護の非受給につながるとすれば、このような価値意識をもつことが問題であり、変えるべきということになるのだろうか。母子世帯の母親たちは、社会に共有されている「自立や自助」の価値を内面化しているにすぎない。社会において就労による「自立」へ高い価値が置かれるために、生活保護に対するネガティブな意識やスティグマが醸成される。しかしながら、短期的に「自立」を目指すことが生活保護を受給しないことと結びつき、結果的に貧困の持続を招いているのならば、少なくとも「自立」は長期的な観点から考えられるべきである。実際に、先行研究では母子世帯は子どもがいるその他の世帯に比して、貧困状態にある比率だけでなく、持続的な貧困状態にある比率も高いことから（暮石・若林 2017）、母子世帯の貧困の一部は持続的である可能性がある。このような点からも、短期的には生活保護を受給しつつ長期的な観点から「自立」を目指すことが現実的であり、かつ子どもの貧困の問題への有効な対応になるだろう。そのためには、生活保護の申請・受給を控えている貧困世帯の当事者たちへのアウトリーチが求められる。加えて、政策的側面に着目すると、生活保護制度は救貧的な制度であるために社会における「自立や自助」の価値と両立せず、申請自体が忌避されると考えられる。社会に共有されているこの価値を前提とするならば、権利性が強い防貧的な所得保障を充実させると同時に、必要時には救貧的な制度が確

実に申請・利用されることが重要であるといえよう。

　最後に本書の限界と展望について述べたい。本書の限界の一つは、生活保護を受給していない場合に、申請を控えた結果なのか、申請が通らなかった結果なのかが厳密には識別しえない点である。貧困であるにもかかわらず生活保護の申請・受給を控える人々が存在する一方で、財政上の理由からワーカーが利用者を限定している可能性もないとは言えない。本書では利用者側からこの問題を考えているが、行政やワーカーの対応については改めて検討を要する。また、学歴や就労の効果を説明するメカニズムについては、今後さらなる解明が求められる。加えて、今回とりあげた内的統制傾向以外にもさまざまな価値的要因が生活保護の受給に影響を与えていることも考えらえる。この点については、関連する意識項目を尋ねた調査データが積み重ねられることで検討可能となるだろう。今後の展望としては、貧困状態にあるにもかかわらず、生活保護等の制度の利用をしていない世帯を対象に、質的・量的双方の研究から生活保護の受給を抑止する要因を明らかにしていくことが求められる。

■注
1) 全国ひとり親世帯等調査より（厚生労働省 2017: 13）、「パート・アルバイト等」と「派遣社員」を合算し、就業している母子世帯の母親のうち非正規雇用である割合を算出した。
2) 母子世帯における公的年金等の受給状況より、遺族年金の受給割合を算出した（厚生労働省 2017: 81）。
3) 分析に用いたのは、このうち使用する変数に欠損値がないケースである。
4) なお、記述統計量における二人親世帯は、親（実母・実父・養母・養父）が回答ケースのうち「現在、配偶者（内縁の関係も含む）がいる」場合に二人親世帯とした。
5) その他のカテゴリーは、100-200 万円未満、200-250 万円未満、250-300 万円未満、300-350 万円未満、350-400 円万未満、400-550 円万未満、550-700 円万未満、700-850 円万未満、850-1,000 万円未満、1,000-1,200 万円未満であり、それぞれ中間値を代入した。
6) 世帯の人数は、「普段一緒にお住まいで、生計を共にしている方（世帯員）」の人数を用いた。世帯所得・世帯の人数が無回答の場合は欠損値とした。
7) 可処分所得と世帯所得の比が求められており、その比に基づいて世帯人数別の相対的貧困世帯が算出されているが、詳細は内閣府（2012: 16）を参照されたい。

8）学歴は在学中・中退を考慮し、在学中または中退の場合は前の学歴に戻している。

9）「正規の職員・従業員」「会社・団体等の役員」を正規、「パート・アルバイト」「派遣社員」「契約社員・嘱託」「自営業主」「家族従業者」「家庭内での内職」を非正規・自営とした。無職・休職については、「仕事についたことはない」「今はついていないが、過去についていた」「ついているが休職中」を無職・休職とした。

10）海外の研究では、労働市場に近い場合、受給期間が短い場合などに、電話・面接の混合調査において公的扶助の受給が過少申告されやすい傾向にある（Bruckmeier et al. 2014）。本データにも過少申告の可能性があることは否定できないが、本データは留置の質問紙調査によるものであり、その影響は比較的小さいと考えられる。加えて、小さい子どもがいる場合やひとり親世帯の場合には過少申告されにくいことが指摘されており（Bruckmeier et al. 2014）、日本でも同様の傾向にあるとすれば、本章が対象とする相対的貧困層の母子世帯は過少申告をしにくい対象であると言えるかもしれない。

11）母親の健康状態の変数は量的変数として用いると完全分離が生じるため、包括的な分類にせざるをえず、ダミー変数として使用した。

12）内的統制傾向の変数は、母親高校以上（r=-.026）や母親無職・休職（r=-.023）、等価世帯所得（r=.022）といった属性変数とは有意な関連は見られなかった。

13）本データのような標本数が少ないデータのロジスティック回帰モデルでは、完全分離や準完全分離の問題が生じることがある。詳しくは、Allison（2004）を参照のこと。

14）本データと同時期の平成23年の母子世帯の統計をもとに、貯金額が不詳であるケースを除いた場合の母子世帯の貯金額の分布を算出した。

15）子どもの数は、1人が13.3%（n=23）、2人が47.4%（n=82）、3人以上が39.3%（n=68）であり、最も多いのは子どもが2人のケースである。

16）データに合わせ平成22年度の生活扶助基準を確認すると、30歳女性・4歳子・2歳子の母子世帯で月額158,300〜193,900円である（厚生労働省 2010: 203）。級地によって異なるものの、これに約4〜7万円の住宅扶助が加わるとして計算すると、3人の母子世帯であったとしても年間240〜315万円ほどになると推定される。

17）離別世帯の割合は、非貧困母子世帯では84.4%（n=119）、貧困母子世帯では93.6%（n=162）である。

18）母子世帯においては、生活保護を受給することで相対的貧困世帯でなくなっていると考えられる世帯も7ケース見られた。その一方で、生活保護を受給してもなお相対的貧困世帯である世帯が一定数（n=18）存在した（表13参照）。

19）得は一般に右側に歪むため、対数変換することが多いが、本章では相対的貧困世帯のみを扱っているためにこの問題がなく、対数変換せずに使用している。

第6章
知見の要約および今後の展望

6.1 親の離婚と子どものライフコースにおける格差

　日本の社会階層や地位達成についての研究では、これまで主に二人親世帯である初婚継続家族が想定されてきたために、親の離婚やひとり親といった家族における不利を通して格差や貧困がどのように再生産されるのかについては十分に検討されてこなかった。日本でも近年、親の離婚を経験する者が一定数存在するようになってきたが、そのような定位家族における親の離婚やひとり親という経験が子ども自身の地位達成やその後の家族形成に与える影響とそのメカニズムについては十分に明らかにされているわけではない。米国の家族研究においては、ひとり親や離婚などの家族における多様化が階層によって異なって経験されており、定位家族の家族構造やそれに伴うさまざまな格差が子世代における格差・貧困の再生産へとつながりうることが指摘されている（McLanahan and Percheski 2008; McLanahan 2004）。日本でも離婚はもはや少ないとは言えない状況にあり、親の離婚という定位家族における経験やそれに伴うさまざまな格差が子どものライフコース上の格差や貧困を生み出している可能性がある。親の離婚経験者が子ども期の貧困だけでなく、長期的なライフコースの格差を経験するとすれば、格差や貧困の世代的な再生産にもつながりうるという意味で重要な問題である。

　本書では、上記の問題意識のもと、日本における親の離婚経験者のライ

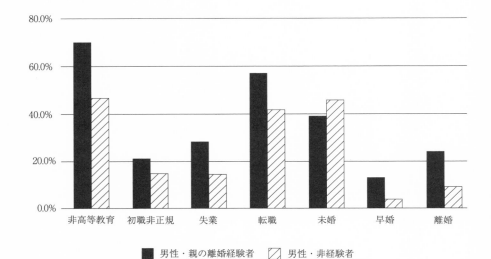

図 5-1　親の離婚経験別にみたライフコースの格差（男性）

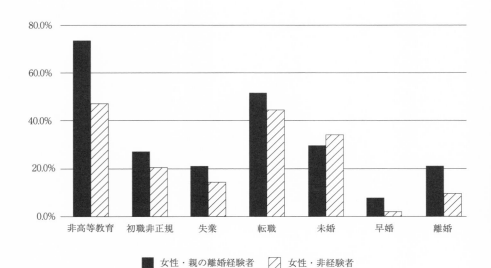

図 5-2　親の離婚経験別にみたライフコースの格差（女性）

フコース上の格差について、教育達成や初職の不利、就業の不安定性、その後の家族形成に着目して検討した。まず、本書で得られた親の離婚経験者のライフコースの格差の全体像を確認する。親の離婚経験別にみると（図5-1、図5-2）[1]、親の離婚経験者は男女ともに、結婚（未婚）のみを例外として[2]、低い学歴、初職非正規雇用、失業経験、転職経験を経験している比率が高く、結婚している場合には、早婚、離婚を経験している比率が高い。日本においても定位家族における親の離婚経験は、子どもの教育達成だけでなく、その後のライフコースのさまざまな格差と関連していることがわかる。日本においても親の離婚経験者はライフコース上に格差を経験しやすいことが示されたが、"Diverging Destinies"（McLanahan 2004: 607）の議論では、家族の多様化が階層的地位によって異なって経験されることで、子世代における格差が拡大しているという見方がなされている（McLanahan 2004）。本書においても、親の離婚経験は親の学歴によって発生率の差異が見られたが、親の離婚経験者のそのような格差はライフコース上で継続して見られるのだろうか。以下では、親の離婚経験による不利が教育達成の格差を生み出し、教育達成における格差がさらにそれ以降のライフコース上の格差に影響を及ぼしているのかを確認する。

　親の学歴別かつ親の離婚経験別にライフコースの格差をみたものが以下の図6-1、図6-2である[3]。親の離婚経験者は親の学歴が高等教育である割合が低く、「親高等教育・親の離婚」の該当ケースが少ないことに留意が必要であるが、男女とも特に本人の学歴に関しては、親の学歴による大きな差異が示された。男女ともに親の学歴が高等教育でなく、かつ親の離婚経験がある者において、最も不利な傾向が見られ、そのような場合に男女ともに約8割が高等教育卒ではないことがわかる。それに対し、教育達成において最も有利な傾向が示されたのは、親の学歴が高等教育かつ親の離婚経験がない層であり、そのような者の7割以上が高等教育卒である。日本においても、親の学歴が低く、親の離婚を経験している層は教育達成に最も不利であり、親の離婚を経験しておらず、親の学歴も高い層は最も教

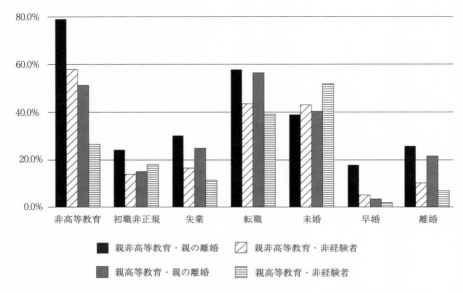

図 6-1　親の高等教育有無・親の離婚経験別にみたライフコースの格差（男性）

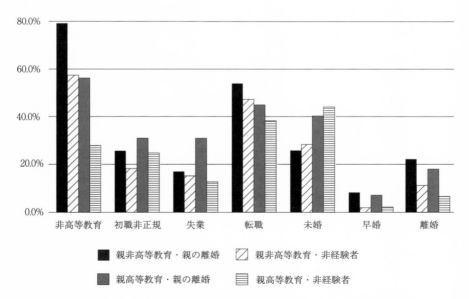

図 6-2　親の高等教育有無・親の離婚経験別にみたライフコースの格差（女性）

育達成が高いという状況にあり、定位家族における階層的地位の低さと親の離婚によって、子どもの学歴に格差が生じている状況がうかがえる。けれども、本書では親の学歴（階層的地位）以上に子どもの学歴達成による差異が、親の離婚経験者のその後のライフコースを規定していた。本人（子）の学歴別かつ親の離婚経験別にその後のライフコースの格差をみたものが以下の図7-1、図7-2である[4]。親の離婚経験者には学歴が高等教育卒である者が少ないため、「本人高等教育・親の離婚」の該当ケースが少ないことには留意する必要があるが、男性の失業経験、転職経験、男女の離婚経験に関しては、本人の学歴による差異が顕著に見られた。親の離婚経験者かつ本人の学歴が低い層において、特に男性では失業や転職の経験がある割合が高く、男女ともに離婚を経験している割合が高い。

　以上、各章で検討してきた親の離婚経験者のライフコースの格差について、その全体像を確認してきたが、親の学歴の不利かつ親の離婚を経験している層において、特に教育達成の格差が顕著であり、そのような学歴による不利がその後のライフコースの格差とも関連していることが示された。分析の結果からは、親の離婚経験が子どもの学卒後のライフコースに及ぼす効果は、子ども自身の学歴とも関連している側面がある。親の離婚経験があり、学歴達成が低い場合には、男性における失業や転職の経験、男性・女性における離婚経験の割合が高い傾向にある一方で、高い学歴達成によって、親の離婚経験がその後のライフコースに及ぼすそのような効果は小さくなりうる。その点では、子どもの学歴達成における格差を最小化していくことが求められる。

　次に、本書で得られた各章の知見を整理すると、親の離婚経験者は教育達成における不利、初職の不利、就業の不安定性、早婚や自身の離婚を経験しやすい傾向にあった。まず、教育達成については、経済的剥奪仮説、社会化に関連する仮説のうちペアレンティング仮説と親の統制仮説と整合的な結果が示され、親の離婚経験者の教育達成の不利は経済的に貧しいこと、親の教育への関わりが不足しやすいこと、特に男性においては学校で

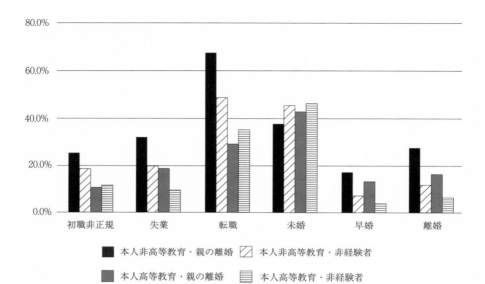

図 7-1　本人の高等教育有無・親の離婚経験別にみたライフコースの格差（男性）

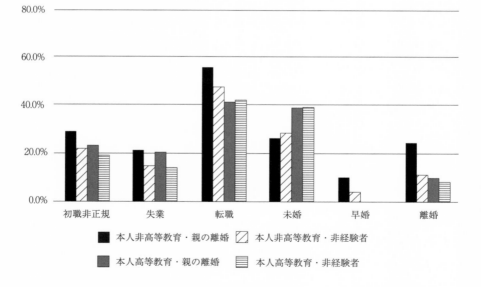

図 7-2　本人の高等教育有無・親の離婚経験別にみたライフコースの格差（女性）

の問題行動を媒介として成立していることが示された。親の離婚経験者における教育達成の不利の中でも、日本の先行研究ではほとんど検討されてこなかった、ペアレンティング仮説と親の統制仮説による媒介効果を明らかにした点は、これまでの研究に本書が新たに付け加えることができた点である。本書の教育達成に関する知見からは、ひとり親世帯への経済的支援の重要性はもちろんのこと、ひとり親の役割過重を軽減するためのサポート、親だけではなく、その周囲の人々が教育における動機づけや子どもの学校での行動に対する働きかけを行っていくことの重要性を指摘できる。

　続いて、学卒後の初職に関しては、先行研究では早期父不在者の男性が専門・大企業ホワイトカラーの職に就きにくい傾向にあることが示されてきたが（余田・林雄亮 2010; 斉藤知洋 2018b）、本書の分析結果からは、男女ともに親の離婚経験者は、初職において非正規雇用の職に就きやすく、そうした傾向は学歴を媒介している可能性が示された。先行研究においては、初職が非正規雇用であることは、現職（調査時点の職業）を経由して低所得と関連していることが明らかになっており（林雄亮 2017）、親の離婚経験者についても初職で非正規雇用の職に就きやすいことは、その後の低所得に関連している可能性がある。加えて、その後の就業の不安定性について検討したところ、男性および未婚女性において、親の離婚経験者は失業や転職を経験しやすい傾向がみられた。失業や転職は所得の低下や貧困と関連することが明らかになっているため（森山 2012; 阿部 2007; 吉田 2008）、親の離婚経験者が初職だけでなく、その後の失業や転職という就業の不安定性を経験しやすいことは、低所得や貧困のリスクにもつながる可能性がある。

　最後に、親の離婚経験者の家族形成について検討した結果、親の離婚経験者は男女ともに本人自身も離婚を経験しやすい傾向にあり、そのような離婚の世代間連鎖の一部は学歴および早婚を媒介している可能性が示唆された。その一方で、学歴や早婚といった要因だけでは説明されない親の離婚経験の効果も残った。この説明されない効果については、離婚への肯定

的な意識に関して補足的に分析を行ったところ、親の離婚経験者の女性において離婚に肯定的である傾向が示され、離婚した親の行動や母親の姿をモデリングすることで、自身も離婚やひとり親を選択しやすくなるという仮説と整合的な結果となった。日本の先行研究では、定位家族の家族構造と本人自身の家族形成との関連に関してはほとんど明らかになっていないが、日本においても離婚の世代間連鎖が生じていること、およびその連鎖を生み出す過程の一部が明らかになったと言える。本書ではこれまで社会階層や地位達成の研究では十分に扱われてこなかった、非初婚継続家族という家族の視点から、親の離婚経験者のライフコース上の格差について明らかにした。その結果、親の離婚経験者の不利は、子ども期や教育達成における不利だけでなく、その後の初職や就業の不安定性、家族形成という長期的なライフコースにおける格差にもつながっていることが明らかになった。

　本書における知見を総合して、以下に、格差・貧困の再生産の問題、および学歴による媒介の重要性という二点について論じる。第一に、親の離婚経験者の不利は教育達成にとどまらず、成人期における格差・貧困の再生産と関連する点で重要な問題であることがわかる。日本においても、学歴や職業だけでなく、失業経験、離婚やひとり親といったライフコースにおける要因と貧困との関連が明らかになっており（鹿又 2014a; 森山 2012; 阿部 2007）、本書においては、そのようなライフイベントと貧困との関連の重要性という側面からも、親の離婚経験者のライフコースにおける格差・貧困の再生産の問題を扱ってきた。前述のように、学卒後の初職が非正規雇用であることや、失業や転職を経験することは、その後の貧困・低所得にもつながりうるため、親の離婚経験者は教育達成の不利だけでなく、成人期においても初職の不利や就業の不安定性によって格差や貧困のリスクに直面しやすいと考えられる。加えて、親の離婚経験者は自身も離婚を経験しやすいことが示されたが、子どもがいる場合に離婚後に母子世帯が形成されやすいため、特に子どもがいる女性においては、離婚を媒介として

二世代にわたって母子世帯が形成されることとなる。離別母子世帯の貧困率の高さから考えると（田宮 2017）、こうした女性における離婚の世代間連鎖の一部は、貧困の再生産の問題と連動している可能性がある。したがって、本書によって明らかにされた、親の離婚経験者のライフコース上の格差は、教育達成、初職や就業の不安定性、その後の早婚や離婚といった長期的なスパンで生じているというだけでなく、それらを通じて格差・貧困の再生産を生み出している可能性があると考えられる。

　第二に、親の離婚経験者のライフコース上の不利の起点としての学歴の重要性を指摘したい。親の離婚経験者は教育達成における不利を経験しやすい傾向にあったが、それに加えて、初職における非正規雇用の経験については、学歴の効果を媒介している可能性も示された。また、失業経験や転職経験、離婚の世代間連鎖についても、部分的には学歴による効果であることも示唆された。このことは、親の離婚による不利は、高い学歴達成によって極小化することができることを意味する。したがって、親の離婚経験者における教育達成の不利を解消することは、ライフコース上の格差や貧困の再生産を軽減するうえでも重要であると言える。

6.2　母子世帯における貧困と生活保護の受給の問題

　日本では、離婚後には子どもの親権は母親が取ることがほとんどであり、母子世帯が形成されやすいが、母子世帯の貧困の問題に対して社会保障制度がうまく機能していないという問題がある。先行研究においては、生活保護を受給していない貧困な母子世帯が多く存在することが指摘されている（岩田 2017; 阿部 2008）。貧困であるにもかかわらず生活保護を受給していない原因・理由について計量的に明らかにした研究はほとんど存在しないが、母子世帯の貧困の問題を解決するためには、制度がなぜ利用されていないのかを明らかにすることも重要である。本書においては、母子世帯の母親における「自立や自助」の価値意識によって、貧困であるにもか

かわらず生活保護の受給が妨げられている可能性を検討した。本データに
おいて扱った母子世帯の多くは、2〜3人の子どもをもつ世帯であったが、
相対的貧困層であるにもかかわらず、生活保護を受給していない母子世帯
が多く存在していた。そのような母子世帯では、母親が高卒以上、就労し
ている場合、健康状態が悪くはない場合に加え、内的統制傾向が強い人ほ
ど、貧困世帯であっても生活保護を受給していない傾向が示された。この
知見から、社会において就労による「自立」へ高い価値が置かれるために、
貧困な母子世帯においてもそのような価値意識が内面化され、生活保護の
受給が妨げられている可能性を指摘できる。つまり、「自立や自助」の価
値意識を強く内面化しているために、貧困であるにもかかわらず、生活保
護を受給せずになんとか生活を成り立たせようとする母子世帯の母親が存
在すると考えられるのである。従来の研究においては、世代的に生活保護
を受け続けている人々が存在することが問題視されてきたが、本書は、貧
困な状態にあっても生活保護を受給しておらず、貧困が解消されていない
母子世帯が存在することこそが問題であると考えたい。先行研究において
も、母子世帯の貧困の一部は慢性的・持続的であることが示唆されている
が（暮石・若林 2017）、そのような母子世帯において、「自立」が目指され
るために生活保護の受給が妨げられ、貧困状態が持続しているとすれば、
子どもの教育面での不利にもつながりうるという点でそれは望ましいこと
とはいえない。

　本書におけるその他の知見および議論と総合して考えると、母子世帯に
おける貧困の問題として以下の二点が指摘できる。第一に、実効性のある
社会保障制度の必要性である。特に離婚が世代的に反復されることで母子
世帯が世代的に再生産されている場合には、その少なからぬ部分は貧困が
世代的に再生産されていることを意味する。こうした世帯は一世代だけの
母子世帯と比べて経済的資源はより不足しているものと考えられる。それ
にもかかわらず、こうした人々に生活保護制度が利用されていないことは
大きな問題である。家族による「自助」や「自立」が社会的に求められる

ほど、家族による資源が不足している世帯では、貧困や低所得の問題が解消されにくくなる。その結果として、そのような世帯で育つ子どものライフコースの格差が生成されているのだとすれば、この問題は放置されるべきではない。離婚やそれに伴う資源の不足が、そこで育つ子どもの格差の再生産へと連動することを防ぐには、家族による自助だけに頼るのではなく、社会において社会保障制度が十分に機能することが重要である。

　第二に、離婚は高学歴層では発生しにくいものの、高学歴層では生活保護制度の利用に消極的であり、ひとたび離婚およびそれに伴う貧困の問題が発生すると、貧困の問題が解消されにくいことである。先行研究では、離婚や母子世帯は低学歴層において生じやすいことが明らかにされており（Raymo et al. 2004; 斉藤知洋 2018a; Raymo and Iwasawa 2017）、本書においても、このことが確認されている。また、母子世帯の貧困と母親の学歴との関連についても、貧困母子世帯は、母親の学歴が中学卒である割合が高く、反対に学歴が比較的高い場合には、貧困母子帯になりにくい傾向が見られた。これらのことから、確かに学歴が高い場合には、離婚が生じにくく、貧困にも陥りにくい。しかし、貧困母子世帯には、高等教育卒や高校・専門卒の母親も含まれており、分析結果からは、そのような学歴が比較的高い層ほど、貧困であっても生活保護を受給していない傾向が示されている。したがって、学歴が高い層では、離婚が生じにくく、貧困母子世帯になりにくい傾向があるものの、貧困に陥った場合には、生活保護制度が利用されないことで、貧困の問題が慢性化・長期化する恐れがあると言える。

　McLanahan の"Diverging Destinies"（McLanahan 2004: 607）の議論では、低学歴層でのひとり親や離婚といった家族のあり方が、低学歴層の置かれている状況をより悪化させる一方で、高学歴層では安定的な結婚やそれに伴う豊富な資源によって、恵まれた生活が世代的に再生産されるととらえられている。しかしながら、本書の貧困母子世帯の生活保護の受給に関する知見からは、高学歴層であっても、制度の利用に消極的であることを通

して、逆に貧困が解消されにくいという新たな問題の存在を指摘することができる。高学歴の母親であっても、離婚とその後の母子世帯の形成によって、大幅に所得が低下すれば貧困の問題が生じうるが、そうした家族には社会保障制度が十分に機能していない側面がある。本書が示した、母子世帯において貧困であるにもかかわらず生活保護の受給が抑止されているという問題は、中間層や高学歴層において母子世帯の貧困が生じる隠れた一因となっていると言える。

　そのような意味では、離婚や母子世帯の形成は、低学歴層だけでなく、比較的高い学歴の層においても、貧困の問題を生じさせうる。生活保護制度は、選別主義的な制度であり、本人の申請に基づいて制度が利用されるために、制度を利用してしかるべき貧困な世帯であっても、制度が利用されないという問題が生じる。今後、中間層や高学歴層において離婚が増加した場合には、貧困に陥っても、生活保護制度を利用しない人々が増加する可能性がある。必要なときに制度が利用されるための政策的工夫はもちろん求められるが、抵抗感の少ない普遍主義的な給付や離別世帯における養育費が重要性をもつ可能性があるだろう。

6.3　本書の課題と展望

　本書は、親の離婚経験という子どもには選択することができない定位家族の経験が子どものライフコース上の長期的な格差につながりうること、また母子世帯の貧困については、貧困であるにもかかわらず生活保護の受給が妨げられているという問題が存在することを明らかにした。それらの知見は、親の離婚経験者がさまざまなライフコース上の格差を経て、貧困の再生産という問題を経験しやすいこと、母子世帯の母親の貧困の問題が社会保障制度によっては解消されていないことを示唆する。しかしながら、本書はそのような離婚や、母子世帯の母親の「自立や自助」の意識を問題ととらえているのではないことを強調しておきたい。本書では、離婚

を経験することが不利となりやすい社会のあり方こそが問題だと考えている。また、社会において就労による「自立」が過度に強調され、生活保護へのスティグマが存在することが問題であると考えている。離婚や母子世帯を経験しても、子どもの貧困や格差につながらない、社会保障制度や教育制度のあり方、周囲のサポートが求められる。具体的には、ひとり親世帯や貧困世帯に対する所得保障、教育達成における不利の解消が重要である。現在はひとり親世帯に対する児童扶養手当や養育費等の貧困削減効果は限定的であり、今後はより広く手厚い保障となることが望まれる。特に養育費の算定や養育費の継続的な受け取りに関する今後の動きに注目したい。さらに、それらを利用してもなお貧困の問題が解決しない場合には、短期的な解決策として「自立」を求めるのではなく、生活保護制度を利用しながら、長期的な「自立」を目指すことが選択肢として可能であることも重要であると考えられる。

　本書は、親の離婚経験者のライフコースにおける格差、および母子世帯の貧困と生活保護の受給の問題について明らかにした一方で、主に以下の二点の限界も存在する。第一に、親の離婚前および離婚後の世帯の状況の多様性については考慮できていない。データにおいては、子どもが親の離婚を経験したか否かの情報は正確に得られる一方で、離婚後の世帯が母子世帯、父子世帯のどちらとなったか、またその後再婚世帯となったか否かは判別することができない。離婚後の世帯は母子世帯を形成することがほとんどではあるものの、離別後に父子世帯で育ったケースも少数ではあるが含まれている可能性があり、母子世帯と父子世帯の差異について検討することができなかった点は本書の限界である。また、親の離婚経験者には、親の離婚だけでなく、親の再婚も経験しているというケースが含まれている可能性がある。そのようなケースにおいては、親の離婚経験者の不利の一部は、親の再婚を経験した者においてもみられる不利である可能性がある。親の離婚と再婚の効果を区別することができていないことも本書の限界である。

第二に、本書において、親の離婚経験者に不利をもたらす要因および貧困母子世帯における生活保護の受給を妨げる要因について、それらのすべてが明らかになったわけではない。データの制約により、全ての仮説を検討できるわけではなく、また検討した仮説においても、分析に用いた変数が不十分なものもあった。教育達成に関しては、親の離婚経験者が中退を経験しやすい原因は明らかにしえなかったし、役割モデルに関する仮説およびストレス仮説についても検討することができなかった。加えて、離婚の世代間連鎖に関しては、子どもの社会化を媒介とする仮説のうちの一部は検討することができなかった。また、失業や転職が経験されやすいことを示すことができた一方で、そうしたパターンを生み出すメカニズムについては十分に明らかにしえてはいない。これらは、データではとらえることができていない初職の職種などに見られる不利、家族や周囲のサポートの不足などの要因が媒介している可能性がある。また、貧困母子世帯の生活保護の受給については、生活保護の申請手続きを行ったが認められなかったのか、そもそも申請をしたことがないのか、はわからない。以上の二点については本書の限界であるが、今後他のデータを用いた分析や、質的な研究を行うことによってこれらの点について明らかにしていくことが求められる。

　今後の研究については、第一に、前述のように多様な家族構造に留意した分析と理論化が求められる。本書では扱うことができなかったが、母子世帯、父子世帯だけではなく、再婚世帯を含めた、非初婚継続家族の子どもの格差を明らかにしていくことが求められる。また、近年未婚の母親も少ないながら、微増傾向がみられ、そのような家族で育つ子どもにも着目していく必要があるだろう。第二に、米国では、母子世帯の増加に伴って、母子世帯の中の多様性にも着目されるようになってきている。日本では、量的な全国調査のデータにおいて、多様な母子世帯のケースを十分に多く含むことは難しい状況にあるが、今後、家族に関する豊富な項目を含んだ大規模なデータが利用可能になることで、母子世帯における多様性や内部

における差異を検討することができるだろう。第三に、母子世帯の貧困の問題に対して、社会保障制度が十分に機能していない原因を、質的研究も併用することによって明らかにしていく必要がある。社会保障制度への意識やスティグマの問題に加えて、申請手続きのプロセスにおける制度側の対応についても、総合的に検討していくことが求められる。

■注

1）表は章末の補表 1-1、補表 1-2 を参照。分析にあたっては、本人学歴は、親学歴・本人学歴に回答があるケース、初職・失業・転職は、在学中・無職を除く、親学歴・本人学歴・初職に回答があるケース、未婚は、親学歴・本人学歴、結婚経験有無（結婚経験がある場合には結婚年齢）がわかるケース、早婚・離婚は、既婚者かつ親学歴・本人学歴・結婚年齢に回答があるケースに限定している。

2）未婚の傾向に関しては、親の離婚経験者の男性はやや結婚しやすい傾向にある。

3）表は章末の補表 2-1、補表 2-2 を参照。期待度数が小さいものもあるため、クロス集計の検定結果は参考までとして示している。

4）表は章末の補表 3-1、補表 3-2 を参照。期待度数が小さいものもあるため、クロス集計の検定結果は参考までとして示している。

補表 1-1　男性全体における親の離婚経験別のライフコースの格差

	非高等教育	初職非正規	失業	転職	未婚	早婚	離婚
親の離婚経験者	70.0% (126)	21.1% (30)	28.2% (40)	57.0% (81)	39.0% (69)	13.0% (14)	24.1% (26)
非経験者	46.6% (873)	14.8% (224)	14.4% (218)	41.7% (631)	45.8% (841)	3.7% (37)	8.9% (89)
	***	*	***	***	+	***(Fisher)	***

(注) + $p<.1$, *$p<.05$, **$p<.01$, ***$p<.001$　　(Fisher) 1 セル期待度数 5 未満、Fisher の直接確率検定による。

補表 1-2　女性全体における親の離婚経験別のライフコースの格差

	非高等教育	初職非正規	失業	転職	未婚	早婚	離婚
親の離婚経験者	73.4% (138)	27.1% (39)	20.8% (30)	51.4% (74)	29.5% (54)	7.8% (10)	20.9% (27)
非経験者	47.0% (941)	20.3% (337)	14.4% (238)	44.3% (734)	33.9% (662)	2.0% (26)	9.7% (126)
	***	+	*	n.s.	n.s.	***(Fisher)	***

(注) + $p<.1$, *$p<.05$, **$p<.01$, ***$p<.001$　　(Fisher) 1 セル期待度数 5 未満、Fisher の直接確率検定による。

補表 2-1　男性における親高等教育有無別・親の離婚経験別のライフコースの格差

		本人非高等教育	初職非正規	失業	転職	未婚	早婚	離婚
親非高等教育	親の離婚経験者	78.9% (97)	23.8% (24)	29.7% (30)	57.4% (58)	38.5% (47)	17.3% (13)	25.3% (19)
	非経験者	57.5% (702)	13.5% (139)	16.0% (165)	43.1% (445)	42.7% (511)	4.7% (32)	9.9% (68)
		***	**	***	**	n.s.	***(Fisher)	***
親高等教育	親の離婚経験者	50.9% (29)	14.6% (6)	24.4% (10)	56.1% (23)	40.0% (22)	3.0% (1)	21.2% (7)
	非経験者	26.2% (171)	17.7% (85)	11.0% (53)	38.8% (186)	51.6% (330)	1.6% (5)	6.8% (21)
		***	n.s.	*（Fisher）	*	n.s.	n.s.（a）	**（Fisher）

（注）+ $p < .1$, * $p < .05$, ** $p < .01$, *** $p < .001$　（a）1セル期待度数 5 未満。（Fisher）1 セル期待度数 5 未満、Fisher の直接確率検定による。

補表 2-2　女性における親高等教育有無別・親の離婚経験別のライフコースの格差

		本人非高等教育	初職非正規	失業	転職	未婚	早婚	離婚
親非高等教育	親の離婚経験者	79.3% (111)	25.5% (26)	16.7% (17)	53.9% (55)	25.7% (35)	7.9% (8)	21.8% (22)
	非経験者	57.5% (744)	18.2% (203)	15.2% (170)	47.2% (527)	28.3% (359)	1.9% (17)	11.1% (101)
		***	+	n.s.	n.s.	n.s.	**（Fisher）	***
親高等教育	親の離婚経験者	56.3% (27)	31.0% (13)	31.0% (13)	45.2% (19)	40.4% (19)	7.1% (2)	17.9% (5)
	非経験者	27.9% (197)	24.8% (134)	12.6% (68)	38.3% (207)	44.2% (303)	2.3% (9)	6.5% (25)
		***	n.s.	***	n.s.	n.s.	n.s.（a）	*（Fisher）

（注）+ $p < .1$, * $p < .05$, ** $p < .01$, *** $p < .001$　（a）1 セル期待度数 5 未満。（Fisher）1 セル期待度数 5 未満、Fisher の直接確率検定による。

補表 3-1　男性における本人の高等教育有無別・親の離婚経験別のライフコースの格差

		初職 非正規	失業	転職	未婚	早婚	離婚
本人非 高等教育	親の離婚 経験者	25.0% (26)	31.7% (33)	67.3% (70)	37.4% (46)	16.9% (13)	27.3% (21)
	非経験者	18.3% (137)	19.6% (147)	48.7% (365)	45.3% (387)	6.8% (32)	11.5% (54)
		n.s.	**	***	n.s.	**	***
本人 高等教育	親の離婚 経験者	10.5% (4)	18.4% (7)	28.9% (11)	42.6% (23)	13.0% (5)	16.1% (5)
	非経験者	11.4% (91)	9.3% (71)	34.9% (266)	46.2% (454)	3.7% (1)	6.6% (35)
		n.s. (a)	＋ (Fisher)	n.s.	n.s.	n.s. (a)	＋ (Fisher)

注）＋ *p*＜.1, *＊p*＜.05, *＊＊p*＜.01, *＊＊＊p*＜.001　（a）1セル期待度数5未満。　（Fisher）1セル期待度数5未満、Fisher の直接確率検定による。

補表 3-2　女性における本人の高等教育有無別・親の離婚経験別のライフコースの格差

		初職 非正規	失業	転職	未婚	早婚	離婚
本人非 高等教育	親の離婚 経験者	28.6% (30)	21.0% (22)	55.2% (58)	26.1% (35)	10.1% (10)	24.2% (24)
	非経験者	21.8% (174)	14.9% (119)	47.2% (377)	28.3% (262)	3.9% (26)	11.3% (75)
		n.s.	n.s.	n.s.	n.s.	* (Fisher)	***
本人 高等教育	親の離婚 経験者	23.1% (9)	20.5% (8)	41.0% (16)	38.8% (19)	—	10.0% (3)
	非経験者	19.0% (163)	13.9% (119)	41.6% (357)	38.8% (400)	—	8.1% (51)
		n.s.	n.s.	n.s.	n.s.		n.s. (a)

注）＋ *p*＜.1, *＊p*＜.05, *＊＊p*＜.01, *＊＊＊p*＜.001　（a）1セル期待度数5未満。　（Fisher）1セル期待度数5未満、Fisher の直接確率検定による。

［謝辞］

　二次分析にあたり、東京大学社会科学研究所附属社会調査・データアーカイブ研究センター SSJ データアーカイブより「東大社研・若年パネル調査（JLPS-Y）wave1-7，2007-2013」「東大社研・壮年パネル調査（JLPS-M）wave1-7，2007-2013」（東京大学社会科学研究所パネル調査プロジェクト）、「親と子の生活意識に関する調査、2011」（内閣府子ども若者・子育て施策総合推進室）の個票データの提供を受けた。

参考文献

阿部彩，2005，「子どもの貧困」国立社会保障・人口問題研究所編『子育て世帯の社会保障』東京大学出版会，119-42.

————，2007，「日本における社会的排除の実態とその要因」『季刊社会保障研究』43(1): 27-40.

————，2008，『子どもの貧困——日本の不公平を考える』岩波新書.

————，2011，「子ども期の貧困が成人後の生活困難（デプリベーション）に与える影響の分析」『季刊社会保障研究』46(4): 354-67.

————，2014，『子どもの貧困Ⅱ：解決策を考える』岩波新書.

————，2017，「第1章 離婚と貧困の関連および離婚の子どもへの影響に関する試行的分析」労働政策研究・研修機構編『労働政策研究報告書 No.189 ——子育て世帯のディストレス』，11-20.

阿部彩・大石亜希子，2005，「母子世帯の経済状況と社会保障」国立社会保障・人口問題研究所編『子育て世帯の社会保障』東京大学出版会，143-61.

Allison, P., 2004, "Convergence Problems in Logistic Regression," M. Altman, J. Gill and M. P. McDonald, *Numerical Issues in Statistical Computing for the Social Scientist*, Hoboken: John Wiley & Sons, 238-52.

Amato, P. R., 1996, "Explaining the Intergenerational Transmission of Divorce," *Journal of Marriage and the Family*, 58(3): 628-40.

————, 2010, "Research on Divorce: Continuing Trends and New Developments," *Journal of Marriage and Family*, 72(3): 650-66.

Amato, P. R. and C. Anthony, 2014, "Estimating the Effects of Parental Divorce and Death with Fixed Effects Models," *Journal of Marriage and Family*, 76(2): 370-86.

Amato, P. R. and A. Booth, 1991a, "Consequences of Parental Divorce and Marital Unhappiness for Adult Well-Being," *Social Forces*, 69(3): 895-914.

————, 1991b, "The Consequences of Divorce for Attitudes Toward Divorce and Gender Roles," *Journal of Family Issues*, 12(3): 306-22.

————, 1997, *A Generation at Risk: Growing Up in an Era of Family Upheaval*, Cambridge: Harvard University Press.

Amato, P. R. and D. D. Deboer, 2001, "The Transmission of Marital Instability Across Generations: Relationship Skills or Commitment to Marriage?" *Journal of Marriage and Family*, 63(4): 1038-51.

Amato, P. R. and S. James, 2010, "Divorce in Europe and the United States: Commonalities and Differences Across Nations," *Family Science*, 1(1): 2-13.

Amato, P. R. and J. B. Kane, 2011, "Parents' Marital Distress, Divorce, and Remarriage: Links with Daughters' Early Family Formation Transitions," *Journal of Family Issues*,

32(8): 1073-103.

Amato, P. R. and B. Keith, 1991, "Separation from a Parent During Childhood and Adult Socioeconomic Attainment," *Social Forces*, 70(1): 187-206.

Amato, P. R. and S. E. Patterson, 2017, "The Intergenerational Transmission of Union Instability in Early Adulthood," *Journal of Marriage and Family*, 79(3): 723-38.

安藏伸治, 2003, 「離婚とその要因――わが国における離婚に関する要因分析」大阪商業大学比較地域研究所・東京大学社会科学研究所編『日本版 General Social Surveys 研究論文集 [2] JGSS で見た日本人の意識と行動』, 25-45.

青木紀, 2003a, 「貧困の世代的再生産の視点」青木紀編『現代日本の「見えない」貧困――生活保護受給母子世帯の現実』明石書店, 11-29.

――――, 2003b, 「貧困の世代的再生産の現状――B 市における実態」青木紀編『現代日本の「見えない」貧困――生活保護受給母子世帯の現実』明石書店, 31-83.

――――, 2003c, 「貧困の世代的再生産の構造（2）――B 市における実態」『北海道大学大学院教育学研究科紀要』89: 211-37.

荒牧草平, 2011, 「学歴の家族・親族間相関に関する基礎的研究――祖父母・オジオバ学歴の効果とその変動」稲葉昭英・安田時男編『第 3 回家族についての全国調査（NFRJ08）第 2 次報告書 第 4 巻 階層・ネットワーク』日本家族社会学会 全国家族調査委員会, 45-60.

荒牧草平・平沢和司, 2016, 「教育達成に対する家族構造の効果――『世代間伝達』と『世代内配分』に着目して」稲葉昭英・保田時男・田渕六郎・田中重人編『日本の家族 1999-2009 ――全国家族調査 [NFRJ] による計量社会学』東京大学出版会, 93-112.

Astone, M. N. and S. S. McLanahan, 1991, "Family Structure, Parental Practices and High School Completion," *American Sociological Review*, 56(3): 309-20.

――――, 1994, "Family Structure, Residential Mobility, and School Dropout: A Research Note," *Demography*, 31(4): 575-84.

Bane, M. J. and D. T. Ellwood, 1986, "Slipping into and out of Poverty: The Dynamics of Spells," *The Journal of Human Resources*, 21(1): 1-23.

Biblarz, T. J. and G. Gottainer, 2000, "Family Structure and Children's Success: A Comparison of Widowed and Divorced Single-Mother Families," *Journal of Marriage and the Family*, 62(2): 533-48.

Biblarz, T. J. and A. E. Raftery, 1993, "The Effects of Family Disruption on Social Mobility," *American Sociological Review*, 58(1): 97-109.

――――, 1999, "Family Structure, Educational Attainment, and Socioeconomic Success: Rethinking the 'Pathology of Matriarchy'," *American Journal of Sociology*, 105(2): 321-65.

Blau, P. M. and O. D. Duncan, 1967, *The American Occupational Structure*, New York: Wiley. Reprinted in 1978, New York: Free Press.

Booth, A. and J. N. Edwards, 1985, "Age at marriage and marital instability," *Journal of Marriage and the Family*, 47(1): 67-75.

Bruckmeier, Kerstin, Gerrit Müller and Regina T. Riphahn, 2014, "Who Misreports Welfare

Receipt in Surveys?" *Applied Economics Letters,* 21(12): 812-6.

Bumpass, L. L., T. C. Martin and J. A. Sweet, 1991, "The Impact of Family Background and Early Marital Factors on Marital Disruption," *Journal of Family Issues,* 12(1): 22-42.

Carlson, M. J. and M. E. Corcoran, 2001, "Family Structure and Children's Behavioral and Cognitive Outcomes," *Journal of Marriage and Family,* 63(3): 779-92.

Crain, R. L. and C. S. Weisman, 1972, *Discrimination, Personality and Achievement: A Survey of Northern Blacks,* New York: Seminar Press.

Diprete, T. A. and P. A. McManus, 2000, "Family Change, Employment Transitions, and the Welfare State: Household Income Dynamics in the United States and Germany," *American Sociological Review,* 65(3): 343-70.

Downey, D. B., 1994, "The School Performance of Children from Single-Mother and Single-Father Families: Economic or Interpersonal Deprivation?" *Journal of Family Issues,* 15(1): 129-47.

─────, 1995, "Understanding Academic Achievement Among Children in Stephouseholds: The Role of Parental Resources, Sex of Stepparent, and Sex of Child," *Social Forces,* 73(3): 875-94.

Duncan, B., 1967, "Education and Social Background," *American Journal of Sociology,* 72(4): 363-72.

Duncan, B. and O. D. Duncan, 1969, "Family Stability and Occupational Success," *Social Problems,* 16(3): 273-85.

Duncan, O. D., D. L. Featherman and B. Duncan,1972, *Socioeconomic Background and Achievement,* New York: Seminar Press.

Elder, G. H. Jr. and S. T. Russell, 1996, "Academic Performance and Future Aspirations," R. L. Simons ed., *Understanding Differences Between Divorced and Intact Families: Stress, Interaction, and Child Outcome,* Thousand Oaks: Sage Publication, 176-92.

江沢あや（鈴木玲訳），2018, 「日本におけるシングルマザー，福祉改革，貧困」『大原社会問題研究所雑誌』711: 19-32.

Featherman, D. L. and R. M. Hauser, 1978, *Opportunity and Change,* New York: Academic Press.

Feng, D., R. Giarrusso, V. L. Bengtson and N. Frye, 1999, "Intergenerational Transmission of Marital Quality and Marital Instability," *Journal of Marriage and the Family,* 61(2): 451-63.

Frisco, M. L., C. Muller and K. Frank, 2007, "Parents' Union Dissolution and Adolescents' School Performance: Comparing Methodological Approaches" *Journal of Marriage and Family,* 69(3): 721-41.

Furstenberg, F. F. Jr. and J. O. Teitler, 1994, "Reconsidering the Effects of Marital Disruption: What Happens to Children of Divorce in early Childhood?" *Journal of Family Issues,* 15(2): 173-90.

藤原翔，2012, 「きょうだい構成と地位達成──きょうだいデータに対するマルチレベル分析

による検討」『ソシオロジ』57(1): 41-57.

藤澤三宝子, 2008,「日本の低所得と生活保護制度――JGSS データによる社会扶助受給決定要因分析を通して」大阪商業大学比較地域研究所・東京大学社会科学研究所編『日本版 General Social Surveys 研究論文集 [7] JGSS で見た日本人の意識と行動』271-83.

藤原千沙, 2007,「母子世帯の階層分化――制度利用者の特徴からみた政策対象の明確化」『季刊家計経済研究』73: 10-20.

――――, 2010,「ひとり親世帯をめぐる社会階層とジェンダー」木本喜美子・大森真紀・室住眞麻子編『社会政策のなかのジェンダー』明石書店, 136-57.

藤原千沙・湯澤直美・石田浩, 2011,「母子世帯の所得分布と児童扶養手当の貧困削減効果――地方自治体の児童扶養手当受給資格者データから」『貧困研究』6: 54-66.

Glenn, E. F. and K. B. Kramer, 1987, "The Marriages and Divorces of the Children of Divorce," *Journal of Marriage and the Family,* 49(4): 811-25.

Greenberg, N. D. and W. R. Nay, 1982, "The Intergenerational Transmission of Marital Instability Reconsidered," *Journal of Marriage and the Family,* 44(2): 335-47.

Greenberg, D. and D. Wolf, 1982, "The Economic Consequences of Experiencing Parental Marital Disruptions," *Children and Youth Services Review,* 4: 141-62.

原純輔・盛山和夫, 1999,『社会階層――豊かさの中の不平等』東京大学出版会.

林明子, 2016,『生活保護世帯の子どものライフストーリー――貧困の世代的再生産』勁草書房.

林雄亮, 2017,「現代日本の若年層の貧困――その動態と階層・ライフイベントとの関連」石田浩編『格差の連鎖と若者 第 1 巻 教育とキャリア』勁草書房, 171-93.

林雄亮・余田翔平, 2014,「離婚行動と社会階層との関係に関する実証研究」『季刊家計経済研究』101: 51-62.

Heard, H. E., 2007, "The Family Structure Trajectory and Adolescent School Performance," *Journal of Family Issues,* 28(3): 319-54.

樋口美雄・岩田正美・永井暁子, 1999,「本章の目的と要約」樋口美雄・岩田正美編『パネルデータからみた現代女性――結婚・出産・就業・消費・貯蓄』東洋経済新報社, 3-23.

平沢和司, 2004,「家族と教育達成――きょうだい数と出生順位を中心に」渡辺秀樹・稲葉昭英・嶋﨑尚子編『現代家族の構造と変容――全国家族調査 [[NFRJ98] による計量分析』東京大学出版会, 327-46.

――――, 2011,「きょうだい構成が教育達成に与える影響について―― NFRJ08 本人データときょうだいデータを用いて」稲葉昭英・安田時男編『第 3 回家族についての全国調査 (NFRJ08) 第 2 次報告書 第 4 巻 階層・ネットワーク』日本家族社会学会 全国家族調査委員会, 21-42.

平沢和司・古田和久・藤原翔, 2013,「社会階層と教育研究の動向と課題――高学歴化社会における格差の構造」『教育社会学研究』93: 151-91.

Horemans, J. and I. Marx, 2018, "Doesn't Anyone Else Care? Variation in Poverty Among Working Single Parents Across Europe," R. Nieuwenhuis and L. C. Maldonado eds., *The*

Triple Bind of Single-Parent Families: Resources, Employment and Policies to Improve Wellbeing, Bristol: Bristol University Press, 195-221.

稲葉昭英，2008，「『父のいない』子どもたちの教育達成――父早期不在者・早期死別者のライフコース」中井美樹・杉野勇『ライフコース・ライフスタイルから見た社会階層』2005 年 SSM 調査研究会，1-19.

――――，2011a，「ひとり親家族における子どもの教育達成」佐藤嘉倫・尾嶋史章編『現代の階層社会 1　格差と多様性』東京大学出版会，239-52.

――――，2011b，「親との死別／離婚・再婚と子どもの教育達成」稲葉昭英・保田時男編『第3 回家族についての全国調査（NFRJ08）　第 2 次報告書　第 4 巻　階層・ネットワーク』日本家族社会学会 全国家族調査委員会，131-58.

――――，2011c，「NFRJ98/03/08 から見た日本の家族の現状と変化」『家族社会学研究』23(1): 43-52.

――――，2012a，「家族の変動と社会階層移動」『三田社会学』17: 28-42.

――――，2012b，「ひとり親世帯と子どもの進学期待・学習状況」内閣府子ども・若者育成支援推進本部編『親と子の生活意識に関する調査報告書』191-98.

――――，2013，「社会階層と母子世帯の発生についてのパネルデータ分析」『横断調査を用いた生活の質向上に資する少子化対策の研究』97-106.

――――，2016，「離婚と子ども」稲葉昭英・保田時男・田渕六郎・田中重人編『日本の家族1999-2009――全国家族調査［NFRJ］による計量社会学』東京大学出版会，129-44.

――――，2017，「家族の変化と家族問題の新たな動向」『都市社会研究』9: 1-14.

石田浩，2005，「後期青年期と階層・労働市場」『教育社会学研究』76: 41-57.

――――，2008，「世代間階層継承の趨勢――生存分析によるアプローチ」『理論と方法』23(4): 41-63.

岩田正美，2017，『貧困の戦後史――貧困の「かたち」はどう変わったのか』筑摩書房.

神原文子，2017，「日本における女性の貧困――社会的排除から包摂へ」『現代の社会病理』32: 17-34.

――――，2020，『子づれシングルの社会学――貧困・被差別・生きづらさ』晃洋書房.

鹿又伸夫，2001，『機会と結果の不平等――世代間移動と所得・資産格差』ミネルヴァ書房.

――――，2014a，「婚姻状況・家族形態と貧困リスク」『家族社会学研究』26(2): 89-101.

――――，2014b，『何が進学格差を作るのか――社会階層研究の立場から』慶應義塾大学出版会.

――――，2017，「貧富の世代間再生産と地位達成過程」『社会学評論』68(2): 283-99.

片岡栄美，2001，「教育達成過程における家族の教育戦略――文化資本効果と学校外教育投資効果のジェンダー差を中心に」『教育学研究』68(3): 259-73.

――――，2015，「学校外教育費支出と子どもの学力――経済不況による教育費削減の影響と教育期待を中心に」『駒澤大学文学部研究紀要』73: 93-114.

片瀬一男・平沢和司，2008，「少子化と教育投資・教育達成」『教育社会学研究』82: 43-59.

Keith, V. M. and B. Finlay, 1988, "The Impact of Parental Divorce on Children's Educational

Attainment, Marital Timing, and Likelihood of Divorce," *Journal of Marriage and the Family,* 50(3): 797-809.

Krein, S. F., 1986, "Growing up in A Single Parent Family: The Effect on Education and Earnings of Young Men," *Family Relations,* 35(1): 161-8.

Krein, S. F. and A. H. Beller, 1988, "Educational Attainment of Children from Single-Parent Families: Differences by Exposure, Gender, and Race," *Demography,* 25(2): 221-34.

国立社会保障・人口問題研究所，2016，「人口統計資料集（2016 年版），VI. 結婚・離婚・配偶関係別人口，表 6-11 性，年齢（5 歳階級）別有配偶者に対する離婚率：1930 ～ 2010 年」，（2019 年 10 月 6 日取得，http2://www.ipss.go.jp/syoushika/tohkei/Data/Popular2016/T06-11.xls）.

————，2019，「人口統計資料集（2019 年版），VI. 結婚・離婚・配偶関係別人口，表 6-11 性，年齢（5 歳階級）別有配偶者に対する離婚率：1930 ～ 2015 年」，（2019 年 10 月 6 日取得，http2://www.ipss.go.jp/syoushika/tohkei/Data/Popular2019/T06-11.xls）.

————，2023，「人口統計資料集（2023）改訂版，VI. 結婚・離婚・配偶関係別人口，表 6-11 性，年齢（5 歳階級）別有配偶者に対する離婚率：1930 ～ 2020 年」，（2023 年 10 月 30 日取得，https://www.ipss.go.jp/syoushika/tohkei/Popular/P_Detail2023RE.asp?fname=T06-11.htm）.

駒村康平，2003，「低所得世帯の推計と生活保護制度」『三田商学研究』46(3): 107-26.

駒村康平・道中隆・丸山桂，2011，「被保護母子世帯における貧困の世代間連鎖と生活上の問題」『三田学会雑誌』103(4): 51-77.

近藤博之，1996，「地位達成と家族——キョウダイの教育達成を中心に」『家族社会学研究』8: 19-31.

小杉礼子，2002，「学校と職業社会の接続——増加するフリーター経由の移行」『教育社会学研究』70: 59-74.

厚生労働省，2010，「生活保護制度」，『平成 22 年度版厚生労働白書資料編』，（2018 年 8 月 10 日取得，http://www.mhlw.go.jp/wp/hakusyo/kousei/10-2/kousei-data/PDF/22010809.pdf）.

————，2017，「平成 28 年度全国ひとり親世帯等調査結果報告」，（2018 年 4 月 9 日取得，http://www.mhlw.go.jp/file/06-Seisakujouhou-11920000-Kodomokateikyoku/0000190327.pdf）.

————，2018，「平成 29 年　国民生活基礎調査の概況　表 5　児童数別、世帯構造別児童のいる世帯数及び平均児童数の年次推移」，（2023 年 10 月 31 日取得，https://www.mhlw.go.jp/toukei/saikin/hw/k-tyosa/k-tyosa17/xls/06.xls）.

————，2019，「平成 30 年国民生活基礎調査の概況　表 5　児童数別、世帯構造別児童のいる世帯数及び平均児童数の年次推移」，（2023 年 10 月 31 日取得，https://www.mhlw.go.jp/toukei/saikin/hw/k-tyosa/k-tyosa18/xls/06.xls）.

————，2022，「令和 3 年度全国ひとり親世帯等調査結果報告」（2023 年 6 月 1 日取得，https://www.mhlw.go.jp/toukei/saikin/hw/k-tyosa/k-tyosa21/dl/12.pdf）

————, 2023a, 「2022（令和 4）年国民生活基礎調査の概況」（2023 年 8 月 1 日取得, https: //www.mhlw.go.jp/toukei/saikin/hw/k-tyosa/k-tyosa22/dl/14.pdf）.

————, 2023b, 「令和 4 年（2022）人口動態統計（確定数）の概況　第 2 表 − 1　人口動態総覧の年次推移」（2023 年 10 月 30 日取得, https://www.mhlw.go.jp/toukei/saikin/hw/ jinkou/kakutei22/xls/hyo.xlsx）.

————, 2023c, 「2022（令和 4）年国民生活基礎調査の概況　表 5　児童数別、世帯構造別児童のいる世帯数及び平均児童数の年次推移」（2023 年 10 月 31 日取得, https://www. mhlw.go.jp/toukei/saikin/hw/k-tyosa/k-tyosa22/xlsx/08.xlsx）.

厚生労働省政策統括官, 2023, 「令和 3 年人口動態統計」,（2023 年 10 月 31 日取得, https:// www.mhlw.go.jp/toukei/saikin/hw/jinkou/houkoku21/dl/all.pdf）.

Kunz, J. and A. Kalil, 1999, "Self-Esteem, Self-Efficacy, and Welfare Use," *Social Work Research*, 23(3): 119-26.

暮石渉・若林緑, 2017, 「子どものいる世帯の貧困の持続性の検証」『社会保障研究』2(1): 90-106.

Markowitz, A. J. and R. M. Ryan, 2016, "Father Absence and Adolescent Depression and Delinquency: A Comparison of Siblings Approach," *Journal of Marriage and Family*, 78(5): 1300-14.

Mayer, S. E., 1997, "Trends in the Economic Well-Being and Life Chances of America' s Children," G. J. Duncan and J. Brooks-Gunn eds., *Consequences of Growing Up Poor*, New York: Russell Sage Foundation, 49-69. Reprinted in 1999.

McLanahan, S., 1985, "Family Structure and the Reproduction of Poverty," *American Journal of Sociology*, 90(4): 873-901.

————, 2004, "Diverging Destinies: How Children Are Faring Under the Second Demographic Transition," *Demography*, 41(4): 607-27.

McLanahan, S. and L. Bumpass, 1988, "Intergenerational Consequences of Family Disruption," *American Journal of Sociology*, 94(1): 130-52.

McLanahan, S. and C. Percheski, 2008, "Family Structure and the Reproduction of Inequalities," *Annual Review of Sociology*, 34: 257-76.

McLanahan, S. and G. Sandefur, 1994, *Growing Up with a Single Parent: What Hurts, What Helps*, Cambridge: Harvard University Press.

McLanahan, S., L. Tach and D. Schneider, 2013, "The Causal Effects of Father Absence," *Annual Review of Sociology*, 39: 399-427.

道中隆, 2009, 『生活保護と日本型ワーキングプア——貧困の固定化と世代間継承』ミネルヴァ書房.

————, 2015, 『貧困の世代間継承——社会的不利益の連鎖を断つ』晃洋書房.

Milkie, M. A., C. H. Warner and R. Ray, 2014, "Current Theorizing and Future Directions in the Social Psychology of Social Class Inequalities," J. D. McLeod, E. J. Lawler and M. Schwalbe eds., *Handbook of the Social Psychology of Inequality*, Dordrecht: Springer, 547-73.

耳塚寛明，2002，「誰がフリーターになるのか――社会階層的背景の検討」小杉礼子編『自由の代償／フリーター――現代若者の就業意識と行動』日本労働研究機構，133-48.

Mirowsky, J. and C. E. Ross, 2003, *Social Causes of Psychological Distress,* New York: Routledge.

三輪哲，2005，「父不在・無職の帰結――将来の地位達成格差とその意味」尾嶋史章編『現代日本におけるジェンダーと社会階層に関する総合的研究』223-33.

――――，2008a，「教育達成過程にみられる出身階層の影響」谷岡一郎・仁田道夫・岩田紀子編『日本人の意識と行動――日本版総合的社会調査 JGSS による分析』東京大学出版会，225-36.

――――，2008b，「働き方とライフスタイルの変化に関する全国調査 2007 における標本特性と欠票についての基礎分析」『東京大学社会科学研究所パネル調査プロジェクトディスカッションペーパーシリーズ No.10』東京大学社会科学研究所.

文部科学省，2008，「子どもの学校外での学習活動に関する実態調査報告」（2019 年 6 月 8 日取得，http://www.mext.go.jp/b_menu/houdou/20/08/__icsFiles/afieldfile/2009/03/23/1196664.pdf）.

――――，2014，「学生の中途退学や休学等の状況について」（2016 年 12 月 8 日取得，http://www.mext.go.jp/b_menu/houdou/26/10/__icsFiles/afieldfile/2014/10/08/1352425_01.pdf#search=%27%E9%AB%98%E7%AD%89%E6%95%99%E8%82%B2%E4%B8%AD%E9%80%80+%E7%90%86%E7%94%B1%27）.

森山智彦，2012，「職歴・ライフコースが貧困リスクに及ぼす影響――性別による違いに着目して」『日本労働研究雑誌』22: 77-89.

Mueller, D. P. and P. W. Cooper, 1986, "Children of Single Parent Families: How They Fare as Young Adults," *Family Relations,* 35(1): 169-76.

Mueller, C. W. and H. Pope, 1977, "Marital Instability: A Study of Its Transmission Between Generations," *Journal of Marriage and the Family,* 39(1): 83-93.

Mulkey, L. M., R. L. Crain and A. J. C. Harrington., 1992, "One-Parent Households and Achievement: Economic and Behavioral Explanations of a Small Effect," *Sociology of Education,* 65(1): 48-65.

内閣府，2011，「平成 23 年版　子ども・若者白書（全体版）」（2019 年 11 月 2 日取得，https://www8.cao.go.jp/youth/whitepaper/h23honpenpdf/index_pdf.html）.

――――，2012，「平成 23 年度『親と子の生活意識に関する調査』Ⅱ相対的貧困層について」，（2018 年 4 月 2 日取得，https://www8.cao.go.jp/youth/kenkyu/life/h23/pdf/zenbun/2.pdf）.

中澤渉，2011，「分断化される若年労働市場」佐藤嘉倫・尾嶋史章編『現代の階層社会 1 格差と多様性』東京大学出版会，51-64.

――――，2013，「通塾が進路選択に及ぼす因果効果の異質性――傾向スコア・マッチングの応用」『教育社会学研究』92: 151-72.

西村純子，2018，「家族構造が子どもに及ぼすインパクト――家族構造・ソーシャル・キャピタルと中学生の成績／自己肯定感との関連」佐藤嘉倫編『ソーシャル・キャピタルと社会――社会学における研究のフロンティア』ミネルヴァ書房，107-30.

西尾祐吾, 1994, 『貧困・スティグマ・公的扶助——社会福祉の原点をさぐる』相川書房.

Nichols-Casebolt, A., 1986, "The Psychological Effects of Income Testing Income-Support Benefits," *Social Service Review*, 60(2): 287-302.

Nonoyama-Tarumi, Y., 2017, "Educational Achievement of Children from Single-Mother and Single-Father Families: The Case of Japan," *Journal of Marriage and Family*, 79(4): 915-31.

OECD, 2020, "OECD Family Database, Data for Chart LMF1.3.A. Employment rates for partnered mothers and single mothers, 2019 or latest available," (2023 年 8 月 17 日, https://www.oecd.org/els/family/database.htm).

小川和孝, 2016, 「社会的属性と収入の不安定性——グループ内の不平等に着目した分析」『理論と方法』31(1): 39-51.

Parker, L., 1994, "The Role of Workplace Support in Facilitating Self-Sufficiency Among Single Mothers on Welfare" *Family Relations*, 43(2): 168-73.

Peterson, J. L. and N. Zill, 1986, "Marital Disruption, Parent-Child Relationships, and Behavior Problems in Children," *Journal of Marriage and the Family*, 48(2): 295-307.

Pope, H. and C. W. Mueller, 1976, "The Intergenerational Transmission of Marital Instability: Comparisons by Race and Sex," *Journal of Social Issues*, 32(1): 49-66.

Raymo, J. M., M. Iwasawa and L. Bumpass, 2004, "Marital Dissolution in Japan: Recent Trends and Patterns," *Demographic Research*, 11: 395-420.

Raymo, J. M. and M. Iwasawa, 2017, *Diverging Destinies: The Japanese Case,* Singapore: Springer.

Rotter, J. B., 1966, "Generalized Expectancies for Internal Versus External Control of Reinforcement," *Psychological Monographs*, 80(1): 1-28.

労働政策研究・研修機構, 2015, 『JILPT 調査シリーズ No.138　大学等中退者の就労と意識に関する研究』独立行政法人労働政策研究・研修機構.

斉藤知洋, 2014, 「家族構造と教育達成過程―― JGSS を用いたひとり親世帯出身者の分析」『日本版 General Social Survey 研究論文集』14: 11-23.

―――, 2018a, 「ひとり親世帯の形成と社会階層」荒牧草平編『2015 年 SSM 調査報告書 2 人口・家族』2015 年 SSM 調査研究会, 121-39.

―――, 2018b, 「母子世帯の子どもと職業達成」荒牧草平編『2015 年 SSM 調査報告書 2 人口・家族』2015 年 SSM 調査研究会, 141-57.

斉藤裕哉, 2018, 「定位家族構造と教育達成の関連――コーホート比較による長期的趨勢の把握」中澤渉編『2015 年 SSM 調査報告書 5　教育 II』2015 年 SSM 調査研究会, 37-55.

眞田英毅, 2018, 「高校進学における学校外教育の効果――低階層の子どもたちの教育達成」『社会学年報』47: 69-82.

佐藤香, 2011, 「学校から職業への移行とライフチャンス」佐藤嘉倫・尾嶋史章編『現代の階層社会 1 格差と多様性』東京大学出版会, 65-79.

佐藤嘉倫・吉田崇, 2007, 「貧困の世代間連鎖の実証研究――所得移動の観点から」『日本労働研究雑誌』563: 75-83.

盛山和夫・野口裕二, 1984, 「高校進学における学校外教育投資の効果」『教育社会学研究』

39: 113-26.

下夷美幸，2008，『養育費政策にみる国家と家族——母子世帯の社会学』勁草書房．

白川俊之，2010，「家族構成と子どもの読解力形成——ひとり親家族の影響に関する日米比較」『理論と方法』25(2): 249-66.

副田義也，2014，『生活保護制度の社会史［増補版］』東京大学出版会．

総務省統計局，2016，「平成 15 年度全国母子世帯等調査　表 1-1 母子世帯になった理由別母子世帯数及び構成割合の推移」，（2018 年 8 月 26 日取得，http://www.e-stat.go.jp/stat-search/file-download?statInfId=000002426504&fileKind=0）.

————，2021a，「令和 2 年国勢調査　人口等基本集計　第 36-1 表　母子・父子世帯の種類，子供の数・年齢別一般世帯数（母子世帯）－全国，都道府県，市区町村」，（2023 年 11 月 12 日取得，https://www.e-stat.go.jp/stat-search/file-download?statInfId=000032142682&fileKind=0）.

————，2021b，「令和 2 年国勢調査　人口等基本集計　第 39-1 表　母子・父子世帯の種類，子供の数・年齢別一般世帯数（父子世帯）－全国，都道府県，市区町村」，（2023 年 11 月 12 日取得，https://www.e-stat.go.jp/stat-search/file-download?statInfId=000032142690&fileKind=0）.

————，2018，『平成 27 年国勢調査最終報告書　日本の人口・世帯』日本統計協会．

Sun, Y. M. and Y. Z. Li 2008, "Stable Postdivorce Family Structures During Late Adolescence and Socioeconomic Consequences in Adulthood," *Journal of Marriage and Family,* 70(1): 129-43.

————, 2009, "Postdivorce Family Stability and Changes in Adolescents' Academic Performance: A Growth-Curve Model," *Journal of Family Issues,* 30(11): 1527-55.

橘木俊詔・浦川邦夫，2006，『日本の貧困研究』東京大学出版会．

竹ノ下弘久，2014，「家族社会学からみる教育機会の不平等——家族社会学と社会階層論の相互の連携を目指して」『家族研究年報』39: 155-65.

竹ノ下弘久・裴千恵，2013，「子どもの成績と親のサポート」渡辺秀樹・金鉉哲・松田茂樹・竹ノ下弘久編『勉強と居場所——学校と家族の日韓比較』勁草書房，40-71.

田宮遊子，2017，「親の配偶関係別にみたひとり親世帯の子どもの貧困率——世帯構成の変化と社会保障の効果」『社会保障研究』2(1): 19-31.

田辺俊介，2012，「『東大社研・若年壮年パネル調査』の標本脱落に関する分析：脱落前年の情報を用いた要因分析」『東京大学社会科学研究所パネル調査プロジェクトディスカッションペーパーシリーズ No.56』東京大学社会科学研究所．

田中聡一郎・四方理人，2018，「子育て世帯向け給付つき税額控除の貧困削減効果——所得補償としての有効性と問題点」山田篤裕・駒村康平・四方理人・田中聡一郎・丸山桂『最低生活保障の実証分析——生活保護制度の課題と将来構想』有斐閣，166-81.

太郎丸博，2006，「社会移動とフリーター——誰がフリーターになりやすいのか」太郎丸博編，『フリーターとニートの社会学』世界思想社，30-48.

Teachman, J. D., 2002, "Childhood Living Arrangements and the Intergenerational

Transmission of Divorce," *Journal of Marriage and Family*, 64(3): 717-29.

————, 2008, "The Living Arrangements of Children and Their Educational Well-Being," *Journal of Family Issues*, 29(6): 734-61.

Thomson, E., T. L. Hanson and S. S. McLanahan, 1994, "Family Structure and Child Well-Being: Economic Resources vs. Parental Behaviors," *Social Forces*, 73(1): 221-42.

鳶島修治, 2012, 「高校生の学習時間に対する早期学校外教育投資の影響」『年報社会学論集』25: 144-55.

東京大学社会科学研究所附属社会調査・データアーカイブ研究センター, 2010a, 「PY010 東大社研・若年パネル調査（JLPS-Y）Wave1 基本データ, 2007」（2017 年 1 月 23 日取得, http://ssjda.iss.u-tokyo.ac.jp/Direct/gaiyo.php?lang=jpn&eid=PY010）.

————, 2010b, 「PM010 東大社研・壮年パネル調査（JLPS-M）Wave 1 基本データ, 2007」（2017 年 1 月 23 日取得, http://ssjda.iss.u-tokyo.ac.jp/Direct/gaiyo.php?eid=PM010）.

————, 2011a, 「PY020 東大社研・若年パネル調査（JLPS-Y）Wave1-2, 2008」（2017 年 1 月 23 日取得, http://ssjda.iss.u-tokyo.ac.jp/Direct/gaiyo.php?lang=jpn&eid=PY020）.

————, 2011b, 「PM020 東大社研・壮年パネル調査（JLPS-M）Wave 1-2, 2008」（2017 年 1 月 23 日取得, http://ssjda.iss.u-tokyo.ac.jp/Direct/gaiyo.php?eid=PM020）.

————, 2012a, 「PY030 東大社研・若年パネル調査（JLPS-Y）Wave 1-3, 2007-2009」（2017 年 1 月 23 日取得, http://ssjda.iss.u-tokyo.ac.jp/Direct/gaiyo.php?lang=jpn&eid=PY030）.

————, 2012b, 「PM030 東大社研・壮年パネル調査（JLPS-M）Wave 1-3, 2007-2009」（2017 年 1 月 23 日取得, http://ssjda.iss.u-tokyo.ac.jp/Direct/gaiyo.php?eid=PM030）.

————, 2013a, 「PY040 東大社研・若年パネル調査（JLPS-Y）Wave 1-4, 2007-2010」（2017 年 1 月 23 日取得, http://ssjda.iss.u-tokyo.ac.jp/Direct/gaiyo.php?lang=jpn&eid=PY040）.

————, 2013b, 「PM040 東大社研・壮年パネル調査（JLPS-M）Wave 1-4, 2007-2010」（2017 年 1 月 23 日取得, http://ssjda.iss.u-tokyo.ac.jp/Direct/gaiyo.php?eid=PM040）.

————, 2014a, 「PY050 東大社研・若年パネル調査（JLPS-Y）Wave 1-5, 2007-2011」（2017 年 1 月 23 日取得, http://ssjda.iss.u-tokyo.ac.jp/Direct/gaiyo.php?lang=jpn&eid=PY050）.

————, 2014b, 「PM050 東大社研・壮年パネル調査（JLPS-M）Wave 1-5, 2007-2011」（2017 年 1 月 23 日取得, http://ssjda.iss.u-tokyo.ac.jp/Direct/gaiyo.php?eid=PM050）.

————, 2015a, 「PY060 東大社研・若年パネル調査（JLPS-Y）Wave 1-6, 2007-2012」（2017 年 1 月 23 日取得, http://ssjda.iss.u-tokyo.ac.jp/Direct/gaiyo.php?lang=jpn&eid=PY060）.

————, 2015b, 「PM060 東大社研・壮年パネル調査（JLPS-M）Wave 1-6, 2007-2012」（2017 年 1 月 23 日取得, http://ssjda.iss.u-tokyo.ac.jp/Direct/gaiyo.php?eid=PM060）.

————, 2016a, 「PY070 東大社研・若年パネル調査（JLPS-Y）Wave1-7, 2007-2013」（2017 年 1 月 23 日取得, http://ssjda.iss.u-tokyo.ac.jp/Direct/gaiyo.php?lang=jpn&eid=PY070）.

————, 2016b, 「PM070 東大社研・壮年パネル調査（JLPS-M）Wave 1-7, 2007-2013」（2017 年 1 月 23 日取得, http://ssjda.iss.u-tokyo.ac.jp/Direct/gaiyo.php?eid=PM070）.

友田浩一, 1984, 「『一般国民』の生活保護意識——意識調査を通して」『地域研究』4: 67-96.

都村聞人・西丸良一・織田輝哉, 2011, 「教育投資の規定要因と効果——学校外教育と私立中

学進学を中心に」佐藤嘉倫・尾嶋史章編『現代の階層社会1　格差と多様性』東京大学出版会，267-80.

卯月由佳，2015，「低収入世帯の子どもの不利の緩和に学校外学習支援は有効か──世帯収入が中学生の学校外学習時間に与える効果の分析をもとに」『社会政策』7(1): 149-60.

卯月由佳・末冨芳，2015，「子どもの貧困と学力・学習状況──相対的貧困とひとり親の影響に着目して」『国立教育政策研究所紀要』144: 125-40.

White, L. K., 1990, "Determinants of Divorce: A Review of Research in the Eighties," *Journal of Marriage and the Family*, 52(4): 904-12.

余田翔平，2011，「結婚の不安定性の世代間伝達──父不在と離婚リスク」佐藤嘉倫編『現代日本の階層状況の解明──ミクロ - マクロ連結からのアプローチ第2分冊 教育・ジェンダー・結婚』2008-2010年度科学研究費補助金研究成果報告書（20243029），東北大学，277-89.

──────，2012，「子ども期の家族構造と教育達成格差──二人親世帯／母子世帯／父子世帯の比較」『家族社会学研究』24(1): 60-71.

──────，2014，「家族構造と中学生の教育期待」『社会学年報』43: 131-42.

余田翔平・林雄亮，2010，「父親の不在と社会経済的地位達成過程」『社会学年報』39: 63-74.

吉田崇，2008，「所得達成に対する若年期キャリアの効果」佐藤嘉倫編『2005年SSM調査シリーズ15 流動性と格差の階層論』99-112.

──────，2018，「家族構造と進学問題──ひとり親家庭に着目して」尾嶋史章・荒牧草平編『高校生たちのゆくえ──学校パネル調査からみた進路と生活の30年』世界思想社，88-102.

湯澤直美，2009，「貧困の世代的再生産と子育て──ある母・子のライフヒストリーからの考察」『家族社会学研究』21(1): 45-56.

Vandecasteele, L., 2011, "Life Course Risks or Cumulative Disadvantage? The Structuring Effect of Social Stratification Determinants and Life Course Events on Poverty Transitions in Europe," *European Sociological Review*, 27(2): 246-63.

Videon, T. M., 2002, "The Effects of Parent-Adolescent Relationships and Parental Separation on Adolescent Well-Being," *Journal of Marriage and Family*, 64(2): 489-503.

あとがき

　本書は、2019年度に慶應義塾大学大学院社会学研究科に提出した博士論文「親の離婚と子どものライフコースにおける格差―貧困の再生産の視点から―」を加筆修正したものです。

　現在、日本においても、家族の多様化のなかで、さまざまな形の家族を経験する子どもたちが増え、そのような子どもたちの格差や不平等の問題に関心をもったことで、本書の研究が始まりました。そのきっかけとなったのは、学部の時に行っていた非正規雇用の若者への聞き取り調査でした。そのなかで、ひとり親世帯出身者や家族のケアを担う若者など、さまざまな若者の家族や社会における困難、そして社会関係による包摂の可能性について考えました。そこで、家族における不利が貧困や格差の問題につながりうるという社会の問題について取り組みたいと思い、現在の研究につながりました。

　そして、日本においても、現在では離婚やひとり親世帯は少数ではなく、そのような家族における経験を有する子どもたちの格差や貧困の問題について明らかにするために、計量的な研究を始めました。日本においては、そのような問題を扱うことのできる、大規模な調査データは少なく、研究にあたっては、全国調査であり、対象者を一定数含んだ貴重なデータを利用することができた一方で、二次分析であったため、データにおけるさまざまな分析上の制約にも直面しました。修士課程の頃からこの研究課題に取り組んできましたが、データの操作化や分析については、うまくいかないことも多く、模索しながら進めてきました。

本書のもととなった投稿論文および博士論文については、指導教員かつ主査の稲葉昭英先生がいつも大変丁寧にご指導くださり、形にすることができました。心より感謝申し上げます。また、論文の執筆や研究の進め方についてご指導くださっただけでなく、研究の意義についても理解を示してくださり、励みをいただくことが多くあり、これまで研究を進めてくることができました。本当にありがとうございます。

　副査を引き受けてくださった、慶應義塾大学法学部の竹ノ下弘久先生、明治大学公共政策大学院ガバナンス研究科の岡部卓先生、国立社会保障・人口問題研究所の余田翔平先生をはじめ、慶應義塾大学にいらっしゃった鹿又伸夫先生にも、これまで多くのご助言をいただきました。また、これまで、2015〜2016年度の課題公募型研究の二次分析研究会やDFS研究会、紛争経験調査の研究会にも参加させていただき、研究会で有意義なコメントをいただきました。副査の先生方や研究会でお世話になった先生方には、お忙しい中、お時間を取ってくださり、多くの貴重なご助言をくださいましたこと、心より感謝申し上げます。いただいたコメントのなかには、データや分析の限界に対応しきれなかったところや、十分に修正が行き届かなかったところもありますが、今後の研究のなかで時間をかけてしっかりと取り組んでいくことができればと思います。

　これまで学部から修士課程、博士課程と研究を進めるにあたっては、学部の3年生の頃から、西日本地区の学会に参加させていただき、先生方に多くのご指導をいただきました。三浦典子先生、谷富夫先生、徳野貞雄先生、山本努先生、三隅一人先生、稲月正先生、加来和典先生、牧野厚史先生、高野和良先生、速水聖子先生、山下亜紀子先生、浅利宙先生、桑畑洋一郎先生、松本貴文先生、福本純子先生、黒川すみれ先生には、学会等で大変お世話になりました。心より感謝申し上げます。筆者にとっては、初めての学会報告も修士1年生の5月の西日本社会学会でした。西日本地区の学会の先生方が非正規雇用の若者の質的調査やひとり親世帯の貧困や格差の研究に関心をもってくださり、これまで多くの励みをいただきました。

　また、西日本地区の学会では、先生方と一緒にテキストを執筆する機会を
いただき、多くのことを学びました。日本社会分析学会においても、学会
の出版企画として執筆する機会をいただき、「母子世帯の母親の孤独感と
社会関係」という新しい問題設定で研究を進めることができました。

　修士課程、博士課程と、これまで研究を進めるなかでは、慶應義塾大学
大学院の社会学研究科の先輩、同期や後輩にも大変お世話になりました。
研究に対してコメントをもらい、議論するなかで、研究の方向性について
考えることができました。

　また、研究や教育に関連して、実際の現場での活動に関わっておられる
多くの方々に心より感謝申し上げます。本書は計量分析の研究ではありま
すが、当初から関心があった、子ども食堂やひとり親支援、子どもの学習
支援などの活動の場でも、多くの方々から学びの機会をいただきました。
本当にありがとうございます。今後は、さまざまな支援の可能性について
も、考えていきたいと思います。

　筆者の勤務校である松山大学の先生方にも感謝申し上げます。大学院の
博士課程を単位取得退学した後、コロナ禍の初めに松山大学に着任いたし
ました。着任当初は慣れないことも多くありましたが、社会学科の先生方
が温かく迎え入れてくださり、サポートしてくださったおかげで、これま
で教育と研究にも取り組むことができました。また、後述するように、松
山大学研究叢書の出版助成を受け、これまでの研究成果を形にすることが
できました。貴重な出版助成を受ける機会をいただきましたこと、感謝申
し上げます。

　生活書院の高橋淳さんにも感謝申し上げます。指導教員の稲葉昭英先生、
お茶の水女子大学の三宅雄大先生から、生活書院の高橋さんをご紹介いた
だき、本書を出版することができました。博士論文を修正し、単著として
刊行するにあたり、出版の機会をいただき、最後までサポートくださいま
した、生活書院の高橋さんに心より感謝しております。

　最後に、支えてくれている家族に感謝を伝えたいと思います。特に両親

と姉からは、これまで研究者としての多くの助言や叱咤激励を受けて、私自身も研究者として歩み始めることができました。社会にとって少しでも意味のある研究ができるよう、これからもしっかりと取り組んでいきたいと思います。

　なお、本書は、日本学術振興会の研究助成による研究成果です（18J10504、21K13435）。
　また、本書の刊行にあたっては「松山大学研究叢書」として出版助成を得ています。

［初出一覧］

　本書は、章ごとに以下の既発表論文がもとになっている。これらの既発表論文をもとに加筆修正を行った。ただし、章によって修正の度合いは異なる。

第1章
　書き下ろし
第2章
　書き下ろし
第3章
　書き下ろし
第4章
　吉武理大，2019，「離婚の世代間連鎖とそのメカニズム——格差の再生産の視点から」『社会学評論』70(1): 27-42.
第5章
　吉武理大，2019，「貧困母子世帯における生活保護の受給の規定要因——なぜ貧困なのに生活保護を受給しないのか」『福祉社会学研究』16: 157-178.
第6章
　書き下ろし

本書のテキストデータを提供いたします

　本書をご購入いただいた方のうち、視覚障害、肢体不自由などの理由で書字へのアクセスが困難な方に本書のテキストデータを提供いたします。希望される方は、以下の方法にしたがってお申し込みください。

◎データの提供形式＝ CD-R、フロッピーディスク、メールによるファイル添付（メールアドレスをお知らせください）。

◎データの提供形式・お名前・ご住所を明記した用紙、返信用封筒、下の引換券（コピー不可）および 200 円切手（メールによるファイル添付をご希望の場合不要）を同封のうえ弊社までお送りください。

●本書内容の複製は点訳・音訳データなど視覚障害の方のための利用に限り認めます。内容の改変や流用、転載、その他営利を目的とした利用はお断りします。

◎あて先
〒 160-0008
東京都新宿区四谷三栄町 6-5 木原ビル 303
生活書院編集部　テキストデータ係

【引換券】

家族における
格差と貧困の再生産

［著者紹介］

吉武　理大
（よしたけ・りお）

　1991 年　長崎県長崎市生まれ。慶應義塾大学大学院社会学研究科社会学専攻博士後期課程単位取得退学、博士（社会学、慶應義塾大学）。現在、松山大学人文学部　准教授。

主要論文

「貧困母子世帯における生活保護の受給の規定要因——なぜ貧困なのに生活保護を受給しないのか」『福祉社会学研究』16 号、2019 年

「離婚の世代間連鎖とそのメカニズム——格差の再生産の視点から」『社会学評論』70 巻 1 号、2019 年

松山大学研究叢書　第 115 巻

家族における格差と貧困の再生産
親の離婚経験からみた計量分析

発　　行———— 2024 年 3 月 25 日　初版第 1 刷発行
著　　者———— 吉武理大
発行者———— 髙橋　淳
発行所———— 株式会社　生活書院
　　　　　　　〒 160-0008
　　　　　　　東京都新宿区四谷三栄町 6-5 木原ビル 303
　　　　　　　T E L 03-3226-1203
　　　　　　　F A X 03-3226-1204
　　　　　　　振替 00170-0-649766
　　　　　　　http://www.seikatsushoin.com
印刷・製本—— 株式会社シナノ

Printed in Japan
2024 © Yoshitake Rio
ISBN 978-4-86500-169-3